코로나 시대 속에 되짚어보는 예배의 본질

그 많던 예배자는 어디로 갔을까

김성국 지음

 들어가면서

누구나 그렇듯이 무엇을 시행하기 전에 먼저 계획합니다.
시원시원하게 계획하고 진행하는 일이 있는가 하면 주저주저하면서 그렇게 하는 일도 있습니다.
예배에 대한 이 칼럼은 후자에 속했습니다.
예배에 대한 훌륭한 글과 아름다운 책이 이미 많이 있었기 때문입니다.
그런데 저의 주저함을 떨쳐버리는 사건이 벌어졌습니다.
2020년 첫날에는 상상도 못했던 팬데믹 세상이 봄이 되기도 전에 시작된 것입니다.
모든 예배의 자리가 폭탄이 떨어진 것 이상의 충격을 받았습니다.
속속 각 교회의 문은 닫히고 예배는 그 자리를, 그리고 그 길을 잃었습니다.

어설프게 시작했던 미디어 예배가 점점 익숙해질수록 마음은 점점 아픔과 두려움으로 채워졌습니다.
예배가 가장 어려운 시기를 지나면서 어떤 형태의 글이든 이 시대의 예배에 대한 기록을 남겨야 한다는 생각이 들었습니다.
코로나19 바이러스가 가장 극렬했던 7개월간 매주 쓰여진 칼럼이지만 모든 것을 결코 다 담아낼 수는 없었고 그럴 능력도 없었습니다.
그렇지만 사람의 존재 이유인 예배를 다시 강조하면서 예배의 다양한 요소들을 팬데믹 시대의 목회자가 보았던 말씀, 현장, 경험들을 엮어서 글로 옮겼고 이제 그 글을 모아 책으로 발행하게 되었습니다.
이 자그마한 책이 예배 받으시기에 유일하게 합당하신 하나님 마음에 들었으면 하는 갈망이 있습니다.

또 독자들에게 유익이 되며, 거창하지만 예배의 역사 속에 담긴 의미도 전달될 수 있기를 바랍니다.

이 칼럼이 쓰이고 책으로 만들어진 과정 속에 하나님이 베푸신 은혜가 많았습니다.
언제나 그랬지만 이 글을 쓰는 가운데 하나님은 천성 길을 함께 걷는 퀸즈장로교회 당회와 교우들의 뜨거운 기도 가운데 있게 하셨고 그들의 사랑을 듬뿍 받게 하셨습니다.
하나님의 은혜 가운데 진리를 위해 분투하시는 국민일보 백상현 집사님을 만나게 하신 기쁨은 잊지 못할 것입니다. 이 책을 발행토록 넉넉한 마음으로 함께해 주신 조민제 국민일보 회장님과 수고를 아끼지 않으신 국민일보 출판부 모든 분들에게 감사드립니다.

바쁘신 가운데 따뜻한 추천의 글을 흔쾌히 써 주신 전 총신대 총장 김인환 목사님, 미주 한인 예수교 장로회 총회장 조문휘 목사님, 할렐루야교회 담임 김승욱 목사님께도 감사드립니다.

늘 힘이 되어 주신 미주 크리스천 신문사 정성호 운영위원장 장로님과 위원님들, 세세하고 아름다운 편집에 놀라운 헌신을 쏟아 부으신 히즈핑거 출판부의 정해성, 서다인, 홍현숙 집사님, 모든 형제 자매들에게 감사드립니다.

힘들 때마다 바라보면 따뜻한 미소로 격려를 아끼지 않았던 아내, 저를 일으켜준 가족들의 기도는 빼놓을 수 없는 하나님의 선물입니다.

하나님께 영광을!
하나님께 예배를!

 추천의 글

사랑하는 제자 김성국 목사님께서 『그 많던 예배자는 어디로 갔을까』라는 책을 출판하셨다. 이 책을 읽으면서 말로 형언할 수 없는 기쁨과 만족, 감동과 깨달음이 밀려왔다. 코로나19가 전 세계를 강타하여 교회의 예배를 중지케 하거나 예배를 드리더라도 매우 제한된 숫자들만 참석하게 만들었으니 예배를 인도해야 할 목회자의 속타는 그 심정을 누가 감히 헤아릴 수 있겠는가? 그 타는 가슴으로 매일 교회와 교인들의 생명과 안전을 위하여 기도하고,며 다가오는 예배에는 모든 성도들이 참석하여 하나님이 주시는 은혜를 마음껏 누릴 수 있도록 해 달라고 소리 높여 기도하면서 얼마나 많은 눈물을 흘렸을 것인가? 이러한 절박하고도 검게 탄 심정을 가지고 대면 혹은 비대면으로 예배를 인도하면서 가졌던 예배에 대한 간절한 마음을 이 책에 담았기 때문에 저자

의 예배에 대한 외침이 독자들의 마음에 더욱 비수같은 날카로움으로 다가가고, 강력한 감동으로 전달되지 않을 수 없는 것이다.

필자는 김성국 목사님을 총신대 1학년때부터 지금까지 스승과 제자, 친구의 관계를 맺고 생활해 왔기에 그를 가장 잘 아는 사람 중에 하나라고 자부한다. 그런데 김 목사님이 이렇게 신학적으로 성숙한 가운데 하나님을 향한 경건함을 지키고 신앙적으로 원숙한 지식과 체험을 가지며, 또한 목회자로서 하나님을 향한 그 뜨거운 헌신과 열정, 교회와 성도들을 향한 깊은 사랑을 이렇게 멋있게 표현하는 능력을 가진 줄 미처 포착하지 못했다. 참으로 자랑스럽다.

하나님은 우리들을 하나님의 예배자로 창조하셨고, 우리들을 통하여 하나님의 창조적 목적과 목표를 달성하시면서 하나님을 찬양하게 하시고 우리들을 통하여 영원토록 영광과 존귀와 감사와 찬양을 받기를 원하신다. 그러므로 우리들이 하나님을 예배하는 것은 우리들의 존재론적 명령이며, 의무이자 책임이다. 하나님은 우리들로 하여금 이러한 삶을 살도록 하시기 위해 독생하신 아들을 십자가에서 대속의 죽음에 이르게 하셨고, 3일 만에 부활하게 하셔서 우리들과 다시 화목하시고 우리들과 항상 동행하시며 우리들과 하나가 되셨다. 우리는 이제 걸어다니는 하나님을 예배하는 성전이다. 우리가 이러한 예배를 드릴 때 형식과 절차에 따른 행사만으로 만족해서는 안 된다. 하나님이 정하신 예배의 요소를 갖추고서 예배자가 영(성령)과 진리(그리스도)로 예배드리며 우리들의 존재와 삶 전체를 "하나님이 기뻐하시는 거룩한 산 제물"(living sacrifice, holy and acceptable to God)로 드려야 한다. 이런 예배야말로 하나님의 말씀의 원리에 맞는 영적(logiken) 예배이다. 이 『그 많던 예배자는 어디로 갔을까』는 바로 이러한 예배를 설명하며 예배자가 어떠한 영적, 신체적, 생활적인 자세와 요건을 갖추어 하나님께 이러한 예배를 드려야 하는가를 매우 쉬운 문체로, 그러나 매우 감동적으로 잘 설명하며 안내해 주고 있다. 모든 목회자들과 성도들에게 일독을 강력하게 추천한다.

김인환 목사(Ph.D.)
전 총신대 교수 및 총장, 전 대신대 총장

그렇지 않아도 Corona-19 Pandemic의 어려운 상황 속에서 한 번도 가보지 않은 길을 가면서, 목회자들이 이 시대에 어떻게 예배를 드려야 할지를 심각하게 고심하고 있는 때에, 시의적절하게 예배에 관한 책을 출판하게 됨은 매우 기쁜 일이라고 생각합니다.
하나님의 은혜로 구원을 받고 하나님의 자녀가 된 우리가 이 세상에서 하나님을 향하여 드릴 수 있는 최고의 종합적인 표현이 바로 예배가 아닐까요? 그러므로 하나님께서 기쁘시게 받으시는 예배에 관하여는 아무리 강조하여도 지나치지 않다고 생각합니다. 이 예배에 관하여 원리와 핵심, 여러 가지 놓치지 말아야 할 중요한 것들을, 30개의 주제로 나누어 쉽고 분명하게 또 재미있고 감동적으로 잘 설명을 했기 때문에, 쉽게 완독할 수 있으며, 또 구체적으로 주제를 따라서 하나하나 실제로 잘 적용할 수도 있을 것입니다.

모든 교회의 목회자들과 성도들이 읽으시면, 이 시대에 영적인 필요를 충족하면서 매우 유익을 줄 것이라고 믿어 의심치 않습니다.

소요리문답 제1문 "사람의 제일 되는 목적이 무엇인가?" "사람의 제일 되는 목적은 하나님을 영화롭게 하는 것과 영원토록 그를 즐거워하는 것이다"는 것을 예배를 통해서 가장 잘 적용할 수 있도록 많은 도움을 줄 것입니다. 특히 최고 최선 최상의 예배를 강조하기로 소문난 퀸즈장로교회 김성국 목사의 글이기에 더욱 기쁜 마음으로 추천합니다.

조문휘 목사(온누리장로교회)
미주한인예수교장로회(KAPC) 총회장

코로나19 팬데믹을 통해 우리는 많은 것을 잃었으나 동시에 중요한 것들을 새롭게 얻게 되었습니다. 그중 하나가 바로 주께서 진정으로 찾으시는 예배가 아닌가라고 생각해 봅니다.
저자 김성국 목사님은 저의 모 교회인 퀸즈장로교회의 현 담임이십니다. 그 교회가 서 있는 곳은 한동안 코로나19의 감염이 매섭게 휘몰아쳤던 뉴욕 한복판입니다.
뉴욕은 한인 교포들을 비롯하여 많은 시민이 코로나19로 인해 병들고 사망하고 일터를 잃은 곳입니다. 그런 곳에서 목회하시며 성도들과 함께 눈물로 애타게 갈망했던 예배가 저자의 글을 통해 이 책에 표현되어 있습니다.
하나님을 사랑하는 모든 자의 마음을 새롭게, 그리고 강력하게 움직일

책이라는 것을 확신합니다.
예배를 향한 하나님의 거룩한 '리셋 (reset)'이 독자들의 마음 안에 이뤄질 것을 기대해 봅니다.

김승욱 목사
할렐루야교회 담임

목차

들어가면서	2
추천의 글	6
그 많던 예배자는 어디로 갔을까	18
역설로 가득 찬 예배	24
사진으로 본 모나리자, 직접 보다	30
무소부재와 임재	36
예배 중에 꼭 기억하세요	42
No thank you, 아라우나	48
우리 식당 매니저 일을 맡아 주게	54
"양식 먹음" 플러스 "신앙 훈련"	60
잠김과 충만에 대한 비전	66
예배에는 복음만 있는 것이 아니다	72
위대한 족장으로 만든 예배	78

예배 전쟁에서의 승리, 두 개의 무기에 달려 있다	84
"답"과 "답답"	90
예배의 플러그	96
More than equal	102
뿌리는 어둠 속에 묻혀 있다	108
가방을 두고 떠난 그들	114
사람은 자신이 갈망하는 것을 닮아 간다	120
천하제일 백색제자	126
카타콤에서 드린 예배	132
오늘도 우리는 천국으로 항해했다	138
최고의 하나님을 향한 나의 최선	144
멈추지 않았던 선교사님의 눈물	150
하나님만 자랑하지 못하는 이유	156
"소리"와 "하나"	162
어쩌자고 이러는가?	168
흩어지라는 시대에	174
너무하십니다	180
광야에는 성막이 있었다	186
보이지 않는가, 들리지 않는가	192
나가면서	196

예배는 선택이 아니라 하나님의 명령이다.
하나님은 처음부터 그의 백성으로 예배로 부르셨다.
이에 따라 예수님은 하나님께서는 참된 예배자를
찾으신다고 선언하신 것이다.

알렌 P. 로스

그 많던 **예배자**는
어디로 갔을까?

사라졌다. 예배의 자리를 채우던 예배자들이 사라졌다. 여전히 예배당은 있지만, 그 많던 예배자는 어디로 간 것일까. 지금 우리는 코로나19 때문에 상상 못 한 일들을 곳곳에서 보고 있다.

전염병이 창궐한 이때 예배자의 자리는 어디인가. 세상 나라가 머물러 있으라고 하는 곳인가, 스스로 물러가 숨죽이고 숨어 있는 곳인가. 그 쓰라린 결정을 이해 못 할 자 아무도 없다. 하지만 텅 빈 예배당에서 예배자를 애타게 기다리시는 하나님 아버지의 마음을 모른 척할 수는 더더욱 없다. 하나님은 그 어떤 상황 속에서도 주저 없이 우리를 찾아오시지 않으셨던가.

다른 쪽은 넓은 예배당에 예배자가 넘친다. 문제는 그 넓은 곳에 하나님이 계실 자리가 없다는 것이다. 사람들의 편리함이나 교회 성장이 주된 관심인 예배 가운데 하나님이 거하실 곳은 도무지 없는 것이다.

하나님은 참된 예배자를 찾으신다. 자기의 방법이 아닌 하나님이 원하시는 방법으로 예배를 드리는 예배자를 찾으신다. 어려운 상황 속에서도 하나님을 기쁘게 하는 참 예배자가 곳곳에 많이 있을 것이다. 그런 참 예배자가 곳곳에만 있지 아니하고 온 세상에 그리고 천상에 가득 차야 한다.

우리는 이런 꿈을 갖고 예배를 드려야 한다. 천상의 예배는 무엇인가. 동서고금의 모든 사람은 무언가를 예배한다. 물론 그들 모두가 참된 예배를 드리는 자는 아니다.

참된 예배의 원형은 어디에 있을까. 초대 교회 안에 있을까. 인류의 타락 이후 구약 아벨의 예배가 예배의 원형일까. 아니다. 이 땅의 모든 예배는 예배의 원형을 반영한 예배일 뿐이다.

예배가 하나님의 하신 일에 대한 반응이라면 하나님이 천지창조를 다 이루시고, 안식하셨던 첫 안식의 날(창 2:2), 이 땅 모든 안식일의 원형(출 20:8~10)이었던 그날, 모든 만물을 새롭게 이루신 완성의 출발점(계 21:5~6)이었던 그날은 원형 예배의 날이었다.

하나님은 첫 안식일을 복되게 하시고 거룩하게 하셨다.(창 2:3) 복을 주신다는 단어 '바라크'는 경배한다는 뜻이기도 하다. 첫 안식일은 예배드리고 복 받은 '바라크'의 날이었다.

잠언 8장에는 지혜가 의인화돼 있다. 의인화된 지혜는 바로 창조주 예수님이심을 드러낸다. 천지창조의 나날에 지혜이신 예수님이 하나님의 창조를 기쁨으로 반응하는 것을 본다. 그리고 사람들도 지음받은 후에 그 기쁨에 참여했다.

천지창조의 반응으로 드려진 예배에는 이 땅의 사람은 물론 천상의 천사와 우주 만물도 함께한다.(시 148:1~14) 창조의 반응으로서의 예배만이 아니라 구속의 반응으로서의 예배가 천상에 있다.(빌 2:5~11, 계 7:9~17) 실상 이 땅의 예배는 이미 천상의 예배에 참여하고 있다.(히 12:22~29, 계 5:7~14)

참된 예배는 사람들이 스스로 고안해 발전시킨 게 아니다. 이 땅의 예배는 창조와 구속의 감격으로 가득 찬 천상의 예배를 투사하고 참여토록 하신 하나님의 찬란한 작품이요 보배로운 선물이다.

예배는 그때그때 끊어지는 졸렬한 세상의 단편극이 아니라 창조부터 영원까지 펼쳐지는 장엄한 천상의 대하드라마다. 오늘의 나의 예배, 우리의 예배가 그 이음 속에 생생히 살아 있어야 한다. 모든 예배자는 이것을 깊이 인식해야 한다.

성경적으로 균형 잡힌 예배의 관점은 하나님의 초월과 그의 내재, 하나님의 높으심과 그의 가까우심, 하나님의 장엄한 거룩하심과 그의 측량할 수 없는 사랑을 반드시 함께 고려해야 한다. 이 균형을 유지하는 것은 언제나 쉬운 일이 아니다. 교회들이 하나님의 초월성을 강조하면 하나님을 멀리 계신 분, 쌀쌀맞은 분, 친근하지도 않으신 분, 사랑도 없으신 분, 은혜가 결여된 분으로 여길 위험이 있다.

교회들이 하나님의 내재하심에 초점을 두면 하나님의 장엄하심, 순결하심, 죄를 미워하심, 그리고 신과 인간의 만남에 따르는 진지함을 때때로 놓친다.

이 균형을 유지하기 위해, 우리는 단순히 우리의 직관에 따라 행하려는 것이 아니라 예배에서 하나님을 기쁘시게 해 드리려 성경 자체로 몇 번이고 되돌아가야 한다.

존 M. 프레임

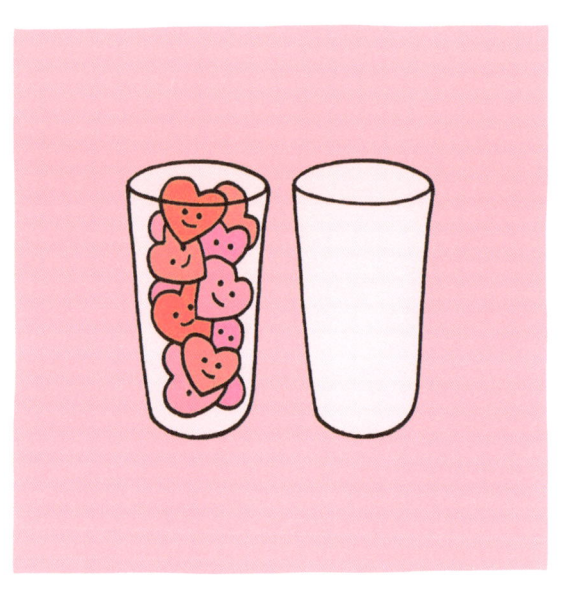

역설로 가득 찬 예배

예배는 역설로 가득 차 있다. 신과 인간의 만남, 이보다 더 역설적인 사건이 어디 있는가. 예배에 가득 차 있는 역설은 다음과 같다.

예배는 높임과 낮춤이 필요하다. 위대하신 하나님을 끝없이 높이는 것이 예배이고 동시에 질그릇 같은 인간을 한없이 낮추는 것이 예배다. 그래서 예배는 높임과 낮춤의 역설이다. 예배는 강함과 약함이 조우한다. 예배는 내 약함 가운데 깃든 하나님의 강함을 경험하게 한다. 그래서 예배는 강함과 약함의 역설이다.

예배는 은혜와 의무의 조화다. 예배 가운데는 한량없는 하나님의 은혜가 쏟아 부어지지만, 사람들이 준비해야 하고 정성을 다해 드려야 할 의무를 면제하지 않는다. 그래서 예배는 은혜와 의무의 역설이다.

예배는 또 열림과 닫음을 함께한다. 예배 중에 하늘 문이 열리지 않는다면, 그리하여 기도가 공중에서 사라지고 찬양은 사람들의 귀에만 떨어지고 말씀은 하늘에서 임하는 것이 아니라 사람들의 강연에 종교적 언어를 입힌 정도라면 이런 시간 낭비가 어디 있겠는가. 예배 중에 마귀의 정죄와 세상의 소리에 귀를 닫지 않는다면 차라리 콘서트에 가서 잠시 기분이나 푸는 것이 낫겠다. 그래서 예배는 열림과 닫음의 역설이다.

예배는 버림과 채움이 절실하다. 우리가 이렇게 부르지 않는가. "오~

주님 채우소서. 나의 잔을 높이 듭니다. 하늘 양식 내게 채워 주소서. 넘치도록 채워 주소서."

그렇다. 하나님은 우리의 잔을 채워 주시길 원하시는데 우리 잔에 여전히 헛된 것이 가득 차 있다면 어떻게 하늘의 것을 부어 주시겠는가. 그래서 예배는 버림과 채움의 역설이다. 예배는 기쁨과 애통이 교차한다. 지상 최고의 기쁨이 예배에 있다. 사랑의 하나님이 나를 위해 행하신 일 때문이다. 지상 최대의 애통이 예배에 있다. 공의의 하나님 앞에 내가 행한 일 때문이다.

다른 것으로 기뻐하지 말라. 예배 중에 듣는 복음 때문에 기뻐하라. 다른 것으로 애통해하지 말라. 예배 중에 보는 나의 죄악 때문에 애통해하라. 그래서 예배는 기쁨과 애통의 역설이다.

예배는 용서와 책망을 반복한다. 예배에는 예수님의 보혈이 흐른다. 나의 죄를 씻고 나를 용서하는 보혈이다. 예배에는 성령님이 운행하신다. 나를 날카롭게 책망하시는 성령님이시다. 예배를 드리면서 "나의 죄를 씻기는 예수의 피밖에 없네"를 목쉬도록 부르고 또 부른다. "죄인 오라 하실 때에 날 부르소서"를 목 놓아 부르고 또 부른다. 그래서 예배는 용서와 책망의 역설이다.

예배는 수직과 수평의 만남이다. 예배는 하나님을 향한다는 점에서 수직이라는 방향을 갖고 있다. 예배는 함께 드린다는 점에서 수평이라는 방향도 갖고 있다. 예배실의 의자가 빙 둘러 있어 하나님보다 사람들이 서로 너무 잘 보이거나, 친교실의 의자가 다정스럽게 둘러 있지만 마음의 의자는 뒤로 돌아 놓여 있다면 수직과 수평을 거꾸로 적용한 예배일 것이다. 주만 바라보는 수직, 서로 돌아보는 수평. 그래서 예배는 수직과 수평의 역설이다.

예배는 과거와 미래의 연결이다. 오늘의 예배는 오늘만 생각하는 것이 결코 아니다. 과거를 기억하는 시간이요 미래를 바라보는 시간이 오늘의 예배 가운데 있다. 오늘 드리는 예배 가운데 자꾸 들려온다. "기억하라, 기억하라, 기억하라." 또 들려온다. "기대하라, 기대하라, 기대하라." 그래서 예배는 과거와 미래의 역설이다.

예배는 '오라'와 '가라'를 요청한다. 예배는 "목마른 자들아 다 이리 오라"고 부른다. 예배는 "가라, 가라, 세상을 향해"라고 명한다. 그래서 예배는 오라와 가라의 위대한 역설이다.

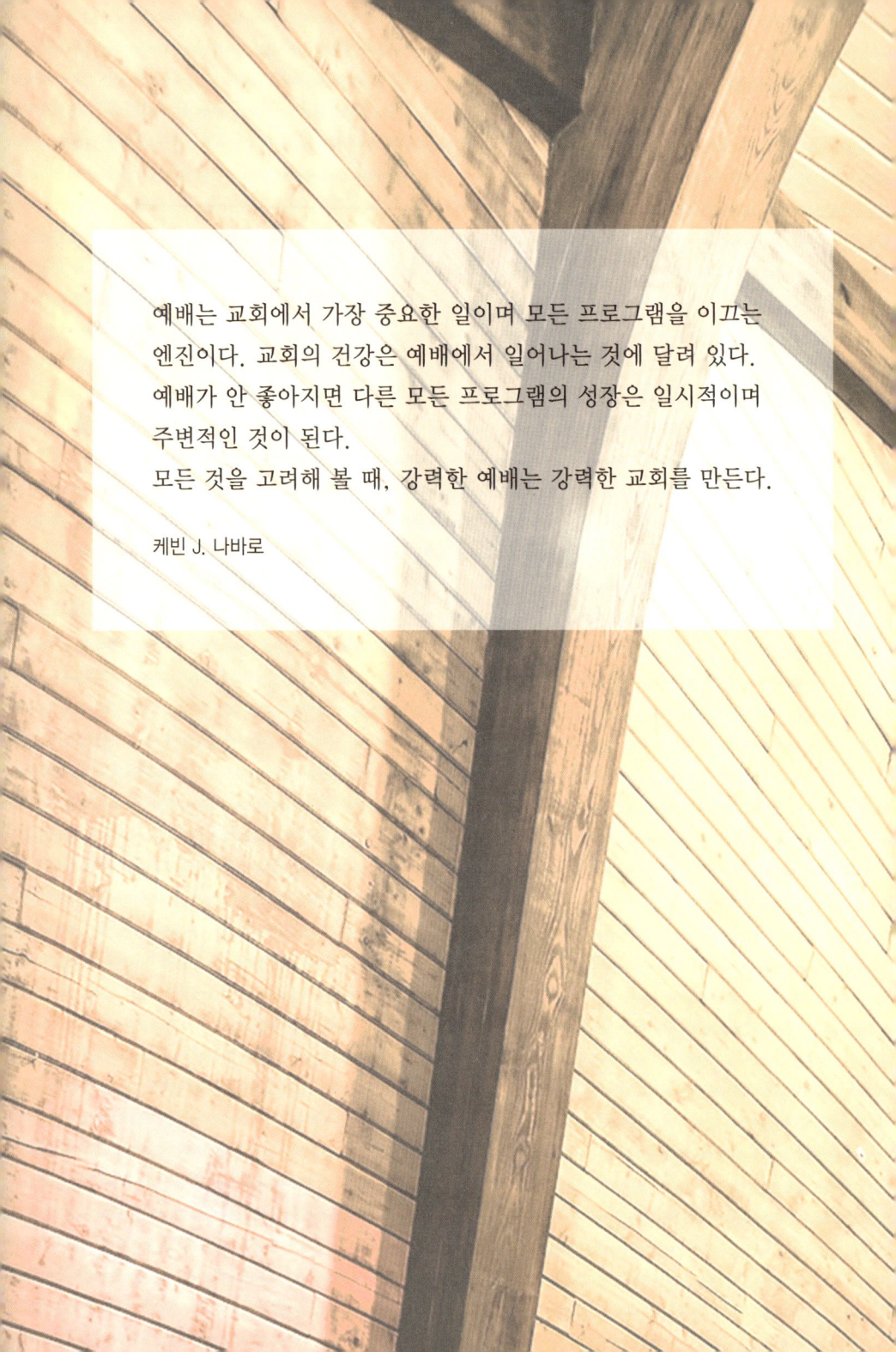

예배는 교회에서 가장 중요한 일이며 모든 프로그램을 이끄는 엔진이다. 교회의 건강은 예배에서 일어나는 것에 달려 있다. 예배가 안 좋아지면 다른 모든 프로그램의 성장은 일시적이며 주변적인 것이 된다.
모든 것을 고려해 볼 때, 강력한 예배는 강력한 교회를 만든다.

케빈 J. 나바로

사진으로 본 모나리자, **직접 보다**

예배는 하나님의 초청이다. 예배는 사람의 고안물이 아니다. 하나님의 초청이 없었다면 사람들은 예배를 알지도 못했고 시작도 못 했을 것이다.

"오호라 너희 모든 목마른 자들아 물로 나아오라 돈 없는 자도 오라 너희는 와서 사 먹되 돈 없이, 값 없이 와서 포도주와 젖을 사라… 너희는 귀를 기울이고 내게로 나아와 들으라 그리하면 너희의 영혼이 살리라."(사 55:1~3)

하나님의 초청은 돈 없이, 값 없이 오라는 초청이다. 왜 돈 없이 값 없이 오라고 초청하셨을까. 예배가 값싼 것이어서 그럴까. 아니다. 예배에는 어떤 값(price)으로도 담아낼 수 없는 가치(value)가 있기 때문이다.

다윗 왕이 죽은 개와 같던 므비보셋을 왕의 식탁으로 초청한 것은 요나단이 있어 가능했다.(삼하 9:1~8) 요나단의 아름다운 가치는 그 어떤 값으로도 매길 수 없다. 하나님이 우리를 초청하신 것은 당신 아들의 죽음이라는 인류 역사상 최대의 사건이 있었기에 가능했다.

하나님의 아들은 값으로 매길 수 있는 분이 아니다. 가장 고귀한 가치를 지니신 분이시다. 초청자가 가장 고귀한 가치를 치르고 값 없이 초청한 것이 예배다.

어떤 분의 초청을 받은 적이 있다. 직접 차려준 음식 하나하나에 정성이 담겼으며 맛도 일품이었다. 초청자의 후덕함을 그가 차려준 음식을 보고 알게 됐다.

하지만 그 자리에서 가장 좋았던 것은 초청자와의 만남이었고 즐거운 대화였다. 초청자와 직접 만날 수 없고 그 누군가를 통해 전달해 준 음식을 먹었다면 그런 자리를 진정한 초청의 자리라고 부르지 않는다. 초청이란 말 속에 직접 초청, 간접 초청이 존재하지 않는다.

진정한 초청은 직접 초청, 단 하나뿐이다. 예배는 후덕하신 하나님의 초청이다. 다윗은 하나님의 후덕함을 이렇게 표현했다. "여호와여 위대하심과 권능과 영광과 승리와 위엄이 다 주께 속하였사오니 천지에 있는 것이 다 주의 것이로소이다… 부와 귀가 주께로 말미암고 또 주는 만물의 주재가 되사 손에 권세와 능력이 있사오니 모든 사람을 크게 하심과 강하게 하심이 주의 손에 있나이다."(대상 29:11~12)

코로나19 사태로 기독교인 사이에 화제로 떠오르는 것이 미디어 예배다. 미디어로 예배드리는 것은 진짜 예배일까. 하나님은 과연 미디어 예배로도 초청하시는가.

많은 사람이 그랬듯이 나도 미켈란젤로의 '천지창조' 그림을 여러 번 보았다. 레오나르도 다 빈치가 그린 '모나리자'도 보았다. 물론 사진집과 인터넷이 도움이 됐다. 가장 중요한 도움은 언젠가 진짜 작품을 보고 싶다는 동기를 부여했다는 것이다.

마침내 유럽 여행을 갔다. 드디어 나도 시스티나 성당에서 천지창조를 직접 봤다. 루브르 박물관에서 진품 모나리자도 직접 봤다. 작품에 대한 짙은 감동은 물론 그런 위대한 작품을 그린 작가에 대한 경외감마저 떠올랐다.

미디어 예배로는 설교자를 매개로 한 인격적 교감이 난망(難望)하다. 그리스도 안에서 완전한 자로 세워지는 것을 확인할 길도 없다. 주님이 다시 오실 때까지 한자리에 모여 시행해야 할 성찬식도 할 수 없다.

어려운 현실이라고 미디어 예배가 또 하나의 완전한 예배라고 주장한다면 코로나19 사태는 탈교회(脫敎會) 시대의 출발점이 될 것이다. 그런 주장은 가견적(可見的) 교회의 종언을 선언하는 것과 다름이 없다.

미디어로 참여하는 예배도 어느 정도 도움이 된다. 그 도움 중에 백미는 진짜 예배에 참석하고 싶은 열망을 주는 것이다. 예배는 하나님의 직접 초청이다. 그러므로 미디어 예배는 진짜 예배로 초대하는 좋은 도구, 그 이상이 될 수 없다.

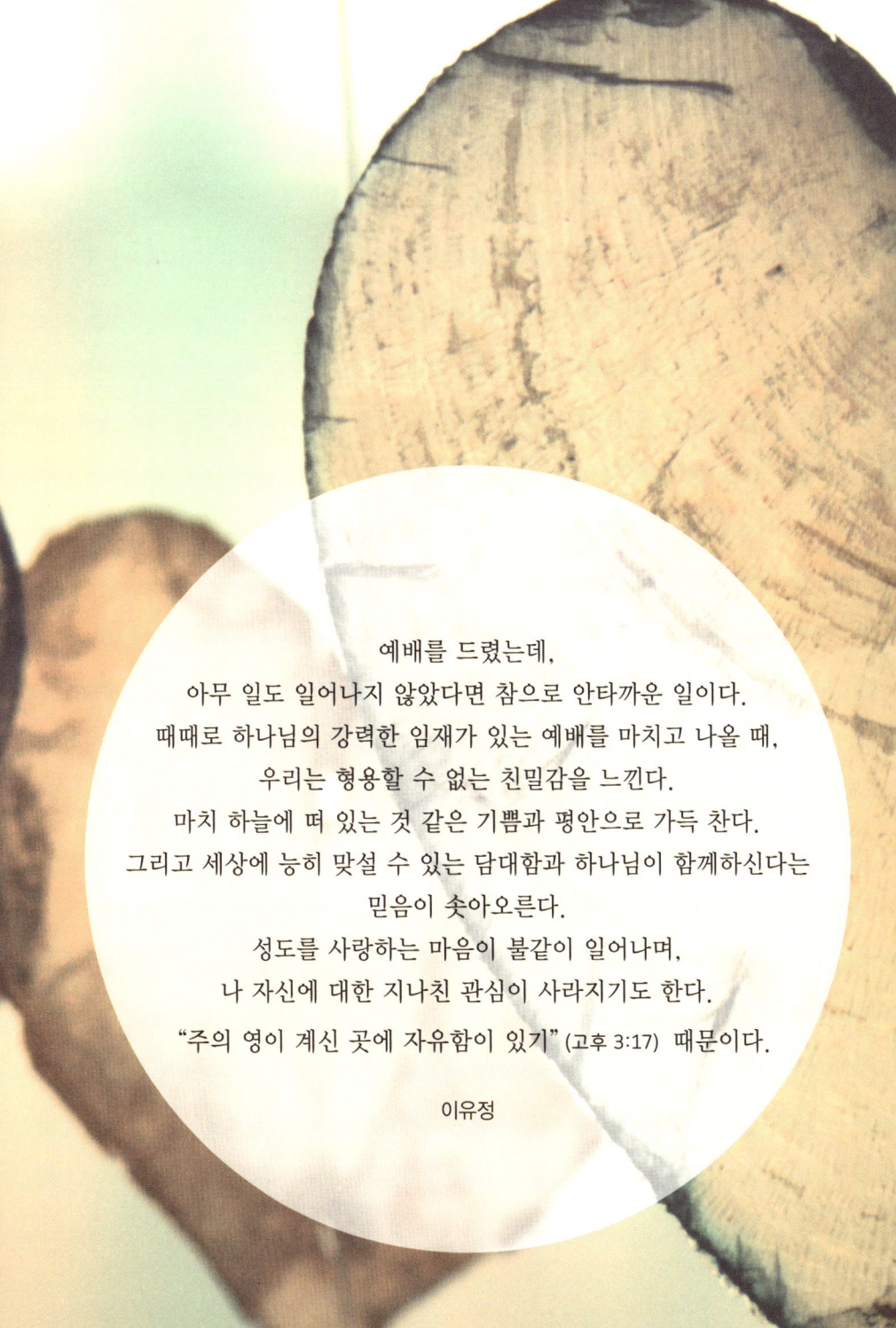

예배를 드렸는데,
아무 일도 일어나지 않았다면 참으로 안타까운 일이다.
때때로 하나님의 강력한 임재가 있는 예배를 마치고 나올 때,
우리는 형용할 수 없는 친밀감을 느낀다.
마치 하늘에 떠 있는 것 같은 기쁨과 평안으로 가득 찬다.
그리고 세상에 능히 맞설 수 있는 담대함과 하나님이 함께하신다는
믿음이 솟아오른다.
성도를 사랑하는 마음이 불같이 일어나며,
나 자신에 대한 지나친 관심이 사라지기도 한다.
"주의 영이 계신 곳에 자유함이 있기" (고후 3:17) 때문이다.

이유정

무소부재와 **임재**

코로나19로 시시각각 어려움이 더해지고 있다. 확진자와 사망자의 수가 눈덩이처럼 불어나고 있다. 행정명령의 수위는 갈수록 높아지고 있다.

거리는 날로 황량해지고 자영업자들은 계속 문을 닫고 있다. 학생들이 등교하지 못한 지는 꽤 여러 날이 됐다. 500명 이상 모일 수 없다고 한 지 며칠이 안 돼 50명 이상 모일 수 없다고 했다. 필자가 사는 미국 뉴욕의 상황이다. 뉴욕에 이웃한 뉴저지는 현재 야간 통행금지 중이다. 앞으로 어떻게 될지 아무도 모른다. 아니, 하나님만 아신다.

필자가 섬기는 퀸즈장로교회는 50명으로 숫자를 제한해 사순절 새벽예배를 계속 드리고 있다. 매일 예배를 드리며 미국 대통령과 정부, 한국 대통령과 정부, 각 나라의 의료진과 환자들을 위한 간절한 기도의 시간을 갖는다.

이럴 때 교회가 사회적 거리 두기에 앞장서며 집에 머무는 것이 옳다는 의견을 왜 안 듣겠는가. 하나님의 영광과 교회의 책임과 사회의 안전을 아우르는 의견임에 동의한다. 이런 위기의 때에 정부의 중요한 역할이 있고, 의료진의 생명을 건 역할도 있다. 그리고 교회의 역할도 분명하다.

하늘의 문을 두드리며 자복하고 긍휼을 구하는 기도는 교회의 독특한 역할이다. 어디서든 기도할 수 있겠지만, 정부의 방침을 준수하며 무엇보다 하나님의 지키심을 구하며 모여서 기도하는 길을 간다.

아무튼, 숫자 제한 때문에 예배에 나오고 싶어도 나올 수 없다. 성도들은 너무나 예배를 그리워하고 있다. 눈에는 주렁주렁 눈물로, 목에는 타는 목마름으로 예배를 갈망한다. 그렇다. 예배는 갈망이다. 그러고 보니 그동안 예배를 별 갈망 없이 드린 적이 많았는데, 갈망이 없는 자는 예배자로 적합지 않음을 이번 기회에 온몸으로 깨닫게 됐다.

예배자라면 하나님이 초청하시는 영광스러운 예배에 갈망으로 응답하며 나가야 한다. 영혼의 갈망은 물론 육체의 앙모도 있어야 한다.
"하나님이여 주는 나의 하나님이시라 내가 간절히 주를 찾되 물이 없어 마르고 황폐한 땅에서 내 영혼이 주를 갈망하며 내 육체가 주를 앙모하나이다 내가 주의 권능과 영광을 보기 위하여 이와 같이 성소에서 주를 바라보았나이다."(시 63:1~2)

예배는 갈망이다. 특별히 무엇을 갈망해야 하는가. 하나님의 임재(presence)를 갈망해야 한다. 하나님은 어디에나 편재(遍在)하신다. 무소부재하신 하나님이시다. 그러나 누구에게나 임재하시지 않으신다.

예배드리면서 나를 갈망할 수 있다. 내가 만족할 예배, 내 필요를 충족하게 해줄 예배, 나를 위로할 예배를 갈망한다. 일견 그럴듯하지만, 예배의 갈망은 하나님의 임재를 향한 것이어야 한다. 하나님은 전심으로 자기를 찾는 자들에게 임재하신다. 하나님의 임재를 어떻게 알 수 있을까. 먼저 알아야 할 것은 하나님의 임재를 인간이 "쉭쉭" 소리를 내거나 눈물을 쥐어짜면서 조작할 수 없다는 것이다.

인간이 하나님의 임재를 만들려고 조작하는 것과 인간이 하나님의 임재를 전심으로 갈망하는 것은 엄연히 다르다. 임재는 땅에서 만드는 것이 아니라 하늘에서 내려오는 것이다. 말씀 가운데, 찬양 가운데, 기도 가운데, 성례 가운데, 그리고 모든 예배 순서 가운데 하나님은 다양하게, 강력하게, 따듯하게 임재하신다. 그 임재는 나를 압도해 반드시 나의 생각을 충만케 하고 나의 감정을 뜨겁게 하며 나의 의지를 새롭게 한다. 하나님이 임재하시면 나의 전(全) 존재가 '업그레이드' 되므로 명백히 알 수 있다.

복음이 확실하게 이해되고 말씀에 찔림이 크고 회개가 쏟아지고 감사가 넘치며 이전에 볼 수 없었던 새로운 삶이 전개된다. 하나님의 임재는 특정 교회와 어떤 시대의 큰 부흥을 통해서도 확실히 알 수 있고 볼 수 있다. 예배는 하나님의 놀라운 임재를 갈망하는 것이다.

예배를 성경적으로 이해하는 일에서 중심적인 것은 언약이라는 개념이다.
최근 수십 년 사이에 성경신학에서 입증된 바와 같이 구약 성경은 대체로 조약의 형식을 취하는데, 거기서는 위대한 왕 또는 황제가 상비군을 육성할 수 없는 군소 국가들에게 보호를 약속한다. 그에 대한 답례로 봉신이 위대한 왕에게 충성을 바치는 경우가 보편적이었다. 봉신은 안전을 위해 다른 왕에게 의탁하지 않은 채 그 조약을 유지하고 지켰다.
언약은 언제나 세 가지 요소를 수반했는데 첫째는 언약의 이론적 근거를 서술하는 역사적 서문이며, 둘째는 명령과 금지를 열거한 목록이며, 셋째는 상벌 규정(조약의 조건들을 이행한 자에게 베푸는 혜택과 조약의 조건들을 어긴 자에게 내리는 형벌)을 열거한 목록이다.
우리가 예배의 환경을 이해하려면, 언약이라는 이런 중심 사상과 관련해서 약간의 준비 작업이 필요하다.

마이클 호튼

예배 중에 꼭 **기억**하세요

예배는 하나님의 언약을 기억하는 거룩한 자리다. 언약의 성취에 놀라고 언약의 신실함에 감격해하고, 보잘것없는 인생과 언약을 맺어 주신 하나님을 견고히 신뢰하리라는 자리, 그 하나님을 크게 말하고 송축하는 자리가 예배의 자리다.(시 105:1~10)

오늘날 많은 예배가 언약을 기억하는 기능을 잃었다. 예배 가운데 하나님의 오랜 언약은 가벼이 취급되고 오늘 떠오른 생각들과 새로운 방식이 아주 묵직하게 다뤄진다. 이스라엘 백성들이 블레셋과 전쟁할 때 언약궤를 빼앗겼다. 그 언약궤는 어디로 갔는가. 블레셋 사람들이 아스돗 다곤의 신전에 두었다. 그들은 불길한 일들이 계속 일어나자 언약궤를 돌려보내기로 한다. 이 언약궤가 아비나답의 집에서 수십 년간 머물러 있었다. 사울왕은 그의 통치 기간 이 언약궤에 관심이 없었다.

그러나 다윗왕은 달랐다. 왕이 된 다윗은 그 언약궤를 예루살렘으로 옮기려는 열망이 있었다. 마침내 언약궤를 '새 수레'에 실어 옮기려 했다. 그 계획은 대실패로 끝났다. 새 수레를 끌던 소들이 뛸 때 언약궤가 떨어지지 않도록 붙들던 웃사가 죽은 것이다.(삼하 6:1~11)

언약궤는 새 수레에 실어 옮기는 게 아니었다. 그것은 블레셋 사람들이 사용하던 방법이었다. 제사장들이 어깨에 메어 옮겨야 했다. 3개월 뒤 말씀의 방법을 따라 언약궤를 예루살렘으로 옮기고 예배를 드렸다.

언약궤 앞에서의 예배가 얼마 만인가. 통탄할 세월이었다. 언약궤 없이 드린 예배의 세월을 말한다.

언약궤가 블레셋에 빼앗긴 세월, 언약궤가 아비나답 집에서 무시된 세월, 언약궤가 한때나마 다윗에게 잘못 다뤄진 세월은 예배의 암흑기와 같았다. 우리도 우리의 예배가 언약을 빼앗긴 예배, 언약을 무시하는 예배, 언약을 잘못 대하는 예배가 아닌가 둘러봐야 한다.

그렇다. 우리가 진정한 예배자라면 인디애나 존스보다 못해서는 안 된다. 인디애나 존스는 스티븐 스필버그가 만든 영화 '레이더스'에 나오는 주인공 이름이다. 인디애나 존스는 잃어버린 언약궤를 찾기 위해 고군분투하는 고고학자다. 그가 언약궤를 찾고자 하는 이유는 정치적이며 군사적이다. 우리는 어떤가. 신앙적인 이유가 분명히 있음에도 예배 가운데 잃어버린 언약을 찾고 또 찾는가.

찬송가 14장은 의미심장하다. 2절은 이렇다.
"주 언약하신 것 끝까지 지키니 저 하늘나라 향하여 곧 가리라 주 얼굴 뵈올 때 내 맘이 기쁘고 영원히 주의 영광을 찬양하리."
찬송가 370장 4절은 이러하다.
"내 주와 맺은 언약은 영 불변하시니 그 나라 가기까지는 늘 보호하시네 주님을 찬송하면서 할렐루야 할렐루야 내 앞길 멀고 험해도 나 주님만 따라가리."

두 찬송의 공통점은 무엇인가. 하나님의 언약을 품은 찬송들이다. 예배에서 하나님과 맺은 불변의 언약을 기억하지 않으면 어디에서 그 언약을 찾아볼 수 있겠는가.

"너희는 내 백성이 되겠고 나는 너희의 하나님이 되리라." "두려워하지 말라 내가 너와 함께 함이라." "내가 반드시 너에게 복 주고 복 주며 너를 번성하게 하고 번성하게 하리라."

이 같은 하나님의 언약들을 예배 가운데 다시 기억하고 다시 붙잡지 않으면 우리는 세상에서 지푸라기 같은 것을 붙잡고 위안으로 삼거나 그 세상을 두려워하며 살게 된다.

우리는 세상 나라가 얼마나 약한 존재인가 똑똑히 보고 있다. 하나님 나라 백성은 결코 쇠하지 아니하는 하나님 나라의 영원한 언약 백성이다. 예배 가운데 언약의 하나님은 찬양을 받으셔야 하고 언약의 백성들은 그 하나님 나라 백성의 위풍당당함을 되찾아야 한다. 그 예배 가운데 하나님의 언약을 기억하면서.

보혈을 지나 하나님 품으로
보혈을 지나 아버지 품으로
보혈을 지나 하나님 품으로
한걸음씩 나가네
존귀한 주 보혈이
내 영을 새롭게 하시네
존귀한 주 보혈이
내 영을 새롭게 하네
존귀한 주 보혈이
내 영을 새롭게 하시네
존귀한 주 보혈이
내 영을 새롭게 하네

김도훈

No thank you, 아라우나

예배의 중심엔 십자가가 있다. 이 땅에 수많은 예배가 있다. 하지만 십자가가 중심이 아닌 예배는 참 예배가 될 수 없다.

예배에서 예수님의 위치는 정말 독특하다. 십자가를 지신 어린 양 예수님은 보좌에 앉으신 하나님과 함께 예배의 대상이시다.(계 7:10) 그뿐만 아니라 그 자신이 예배를 드리시는 대제사장이었고 동시에 예배의 희생제물이었다.(히 9:11~12)

예배를 받으시는 분이 예배를 드리는 분이고 예배의 제물까지 된다는 말이 상상이나 되는가. 이런 삼중(三重) 역할은 예수님이 십자가에서 하신 말씀을 통해서도 확인된다. "예수께서 이르시되 내가 진실로 네게 이르노니 오늘 네가 나와 함께 낙원에 있으리라."

십자가는 예수님이 대제사장, 곧 중보자이심을 드러내신다. "이에 예수께서 이르시되 아버지 저들을 사하여 주옵소서 자기들이 하는 것을 알지 못함이니이다 하시더라." 피 흘리는 자가 찌른 자를 용서해달라는 중보의 기도를 드린 것이다. 십자가에서 대제사장의 기도는 참소자들을 일거에 잠재운다.

십자가는 예수님이 희생제물이심을 보이신다. "제구 시쯤에 예수께서 크게 소리 질러 이르시되 엘리 엘리 라마 사박다니 하시니 이는 곧 나의 하나님, 나의 하나님, 어찌하여 나를 버리셨나이까 하는 뜻이라." 버림받은 제물은 하나님의 깊은 침묵 속에 천지를 진동케 한다.

십자가는 이렇게 주님의 십자가, 대제사장의 십자가, 희생제물의 십자가로 놀라운 삼중 기독론이 담겨 있다. 그래서 주님의 십자가는 예배 가운데 찬송의 주제가 된다. "주 달려 죽은 십자가 우리가 생각할 때에 세상에 속한 욕심을 헛된 줄 알고 버리네."

대제사장의 십자가는 예배 가운데 기도의 길을 연다. "우리에게 있는 대제사장은… 그러므로 우리는 긍휼하심을 받고 때를 따라 돕는 은혜를 얻기 위하여 은혜의 보좌 앞에 담대히 나아갈 것이니라." 이처럼 대제사장의 인도하심으로 은혜의 보좌 앞에 가서 은혜로우신 하나님을 대면한다. 그리고 흡족한 은혜를 받아 나온다.

희생제물의 십자가는 예배 가운데 설교의 핵심이 된다. "내게는 우리 주 예수 그리스도의 십자가 외에 결코 자랑할 것이 없으니." 설교자의 절절한 외침은 십자가뿐이다.

이렇듯 예수님의 십자가는 예배의 중심에 오늘도 서 있다. 십자가 중심 예배에는 세속적인 타협이나 사람을 향한 아첨이 있을 수 없다. 예배에서 타협하는 것은 삶에서 백기를 드는 것과 다름없다. 예배에서 아첨은 모든 관계에서 비열한 자리로 내려가기로 작정한 것과 같다.

다윗은 그가 드리려는 예배에 그리스도 중심이 아닌 다른 것을 놓으려는 유혹을 받았다. 다윗이 인구조사를 한 적이 있다. 자신의 세력을 과시하려던 이 일이 하나님의 진노를 자아냈고 징벌로 전염병이 퍼지면서 7만 명이 죽었다.

전염병의 재앙이 마감될 때 다윗은 하나님께 예배드리려 했다. 장소는 여부스 사람 아라우나의 타작마당이었다. 아라우나는 예배의 제물을 값 없이 제공하려 했다. 하지만 다윗은 덥석 그가 거저 주는 제물을 받아 예배드리지 않았다. "그렇지 아니하다. 내가 값을 주고 네게서 사리라. 값 없이는 내 하나님 여호와께 번제를 드리지 아니하리라."

다윗은 자기가 말한 대로 비싼 값을 치르고 마당과 희생제물을 사서 하나님께 예배를 드렸다. 그 예배 이후 전염병이 완전히 그쳤다. 희생제물은 십자가의 예수님을 예표한다.(삼하 24:1~25)

그리스도가 중심인 예배가 아니라면 다윗처럼 단호히 거부해야 한다. 우리 주변엔 자기가 제안한 것이 무엇인지도 모르는 아라우나 같은 이들이 곳곳에 있다. 철저히 경계해야 한다

Laborare est Orare "일 하는 것은 기도하는 것이다"
예배와 삶은 이혼할 수 없다. 그들은 서로에게 속해 있다.
삶이 없는 예배는 꺼진 땅이요 예배 없는 삶은 메마른 땅이다.

마이클 그린 & R. 폴 스티븐스

우리 식당 **매니저** 일을 맡아 주게

도무지 말이 안 되는 말을 한다. 아브라함의 말이다. 들어보자. "이에 아브라함이 종들에게 이르되 너희는 나귀와 함께 여기서 기다리라 내가 아이와 함께 저기 가서 예배하고 우리가 너희에게로 돌아오리라 하고 아브라함이 이에 번제 나무를 가져다가 그의 아들 이삭에게 지우고 자기는 불과 칼을 손에 들고 두 사람이 동행하더니." 창세기 22장 5~6절에 나오는 말씀이다.

아브라함이 아들 이삭과 함께 예배드리러 갔다가 온다고 한다. 지금 이삭을 그 예배에서 번제물로 바치러 가는 길인데 어찌 다시 같이 온다고 말하는 것인가. 아브라함은 지금 이상한 말을 한 것이 아니다. 아브라함은 예배를 부활로 이해했던 것이다. 예배는 그 자리에서 죽음으로 다시 사는 것이다. 예배에서 죽지 않으면 다시 살지 못한다.

사도 바울은 어떤 사람인가. 매우 계산적인 사람이다. 잃는(lost) 것과 얻는(gain) 것의 대차대조표를 잘 그린다.(빌 3:8) 그는 진짜 장사꾼, 영적 장사의 고수(高手)였다. 죽음(lost)과 부활(gain)을 분명히 하고 싶었다.

바울은 그리스도의 부활 권능에 참여하기를 원했다. 그 길은 먼저 죽어야 가능했다. 그리스도의 죽음을 본받기 전에는 부활을 알 수 없다.(빌 3:10~12) 예수님의 철저한 죽음과 그 부활의 영광은 예배 가운데서 가장 잘 볼 수 있다.(빌 2:5~11) 예수님이 잃은(lost) 것과 얻은(gain) 것이 무엇인지 예배는 말해 준다. 예배를 바르게 드리면 예수님의 죽음을 본받을 수 있고(lost) 마침내 예수님의 부활의 권능을 가질 수 있다(gain).

요한계시록 1장을 보자. 밧모섬에서 "예수의 환난과 나라와 참음에 동참하는 자"가 있었다. 노(老) 사도 요한이었다. 어느 주일 예수님을 만났다. 예수님 앞에 엎드려 죽은 자같이 됐다. 예배자의 모습이다.

그를 찾아온 예수님은 죽었다가 다시 살아나신 부활의 예수님이었다. 예배의 자리에서 자신을 죽은 자같이 내놓았던 요한은 놀라운 계시의 기록자로 일어섰다. 죽은 자와 같이 엎드렸던 작은 예배자 요한은 상상할 수 없는 하나님의 큰일에 쓰임을 받았다.

뉴욕에 노 사도 요한과 같은 분이 있었다. 코로나19에 감염돼 지난 성금요일 하나님의 품에 안기신 분이다. 그는 유학생 시절 중국인 식당에서 웨이터로 일했다. 그에게 그 웨이터 자리는 너무 소중한 자리였다.

어느 토요일 자정이었다. 그는 웨이터들이 목에 매고 일하는 보타이를 풀었다. 그리고 일을 멈췄다. 새벽 2시까지 영업을 하는 식당에서 일을 멈춘 것은 그 식당을 그만두겠다는 것과 다름이 없었다.

그 유학생은 왜 그렇게 했을까. 성수 주일을 위해서였다. 토요일 자정마다 그러기를 두 달 후, 식당 주인이 그를 불렀다. "이젠 우리 식당

그만두게"라고 한 것이 아니라 "우리 식당 매니저 일을 맡아 주게"라고 했다. 자신의 신앙과 삶이 일치하는 청년에게 신뢰를 보낸 것이다.

그 청년은 예배를 얻기 위해 모든 것을 버려도 좋은 사람이었다. 하나님은 죽고자 하는 그를 부활시켜 점점 상상도 못 할 큰일에 쓰셨다. 그는 미주 한인교회 역사에 큰 획을 그었을 뿐 아니라 세계 선교에 다양한 영향력을 끼치고 영원한 나라로 가셨다.

그분의 이름은 장영춘 목사님이다. 예배에서 죽고 예배에서 부활의 권능이 무엇인지 아셨던 그분은 필자가 섬기는 퀸즈장로교회 원로목사님이셨다. 그는 이 땅에 바른 예배를 남기고 영원한 예배의 나라로 떠나가셨다.

우리는 하나님에 대한 헌신이 온전히 이루어지는 곳인, 희생의 제물을 드리는 제단을 흐려 놓지 말아야만 한다. 우리가 십자가를 피해 가려고 애를 쓴다면 우리는 궁극적으로 실패한 것임에 틀림이 없는 것이다. 왜냐하면 우리는 결코 순종의 마음을 가지지도 않았고 위대한 임무를 위한 사람을 스타일을 포기한 것이기 때문이다. 십자가를 지지 않는 제자들을 양성하는 일에는 아무도 세심한 주의를 기울이지 않을 것이다.

로버트 콜만

"양식 먹음" 플러스 "신앙 훈련"

다시 돌아온 예배의 자리. 너무나 감격스럽다. 그러나 잃었던 예배를 다시 찾은 감격에만 젖어 있다면 우리는 진짜 중요한 것을 잃은 것이다. 새롭게 돌아온 예배 자리에서 우리는 예배의 역할을 다시 생각해야 한다.

주일예배는 일주일에 한 번, 하늘 양식을 맛있게 만들어 먹는 소중한 자리다. 그러나 예배는 거기서 그치지 않는다. 매일 험한 세상에서 믿음으로 이길 수 있는 강력한 훈련의 자리이기도 하다.

특별히 다시 찾은 공예배에선 후자(後者)의 기능을 강화해야 한다. 여기에 합리적 질문이 생긴다. 어떻게 그 짧은 예배 시간 가운데 '양식 먹음'과 '신앙 훈련'의 기능을 같이 할 수 있다는 말인가.

짧은 예배시간이지만 그 안에 사도신경으로 드리는 신앙고백과 축도는 더할 나위 없이 좋은 신앙 훈련 시간이다. 사도신경 속에는 신앙의 풍성한 유산이 담겨 있다.

사도신경은 외우는 것이 목적이 아니다. 그 안에 담겨 있는 대로, 창조로부터 종말에 이르는 거룩한 지식을 내가 믿는 것이며 그 믿음대로 살면서 하나님께 영광을 돌리는 것이 목적이다. 사도신경을 교회 안, 예배 시간 안, 그리고 입안에만 머물러 있게 하지 말고 세상으로 가져가

도록 해야 한다.

과거와 현재와 미래, 곧 영원부터 영원까지 꿰뚫어 볼 수 있는 관점이 놀랍게도 짧은 사도신경에 정확히 담겨 있다. 그러므로 창조로부터 계획된 미래의 확실한 소망을 가지고 오늘의 세상에서 만난 고난을 넉넉히 이기도록 사도신경은 삶에서 함께해야 한다. 주일예배 가운데 신자의 관점 훈련을 하면서 확신 있는 생활까지 훈련하는 것이 사도신경 고백 시간이다.

축도는 어떤가. 단순히 예배를 끝내는 공식적 멘트인가. 아니다. 축도는 우리의 신앙을 예배 마지막에 담금질하여 그 뜨거운 하나님의 사람을 세상에 파송하는 자리다.

필자가 대학부를 지도할 때 이렇게 축도한 적이 있다. 청년들에게 강대상을 바라보지 말고 동서남북 세상의 네 방향을 향하라고 한 뒤에 축도했다. 세상은 저주로 가득 찼다. 절망의 세상이다. 미움의 세상이다. 상처의 세상이다. 마귀의 세상이다.

청년들에게 이렇게 선포했다. "이제 이 축도를 안고 세상에 나가 저주를 끊고 축복으로 바꾸라." 세상을 이길 하나님의 강한 군사로 훈련시키는 축도의 시간이었다.

"주 예수 그리스도의 은혜와 하나님의 사랑과 성령의 교통하심이 너희 무리와 함께 있을지어다."(고후 13:13) 그리스도의 은혜, 하나님의 사랑, 성령의 동행으로, 짧지만 강하게 성도들을 무장하는 시간이 축도 시간이다. 삼위(三位) 하나님으로 충만한 사람을 이길 세상은 없다.

그렇다. '양식 먹음'과 함께 '신앙 훈련'이 이루어지는 곳이 예배이고 교회다. 교회가 만약 '양식 먹음'에만 집중하면 수동적이고 나약한 신앙인을 만들 것이다. 혹시라도 함께 모여 예배를 드리지 못하는 상황이 또다시 온다 해도 휘청거리지 말아야 한다. 견고해야 한다.

교회는 평소에도 물론이려니와 지금보다 더 극한 상황이 온다 해도 스스로 든든히 서 있도록 철저히 훈련되어야 한다. 그리고 세상을 담대히 이기는 '신앙 훈련'이 회복된 예배 가운데, 그리고 교회 안에 반드시 있어야 한다.

내 주의 은혜 강가로 저 십자가의 강가로
내 주의 사랑 있는 곳 내 주의 강가로

내 주의 은혜 강가로 저 십자가의 강가로
내 주의 사랑 있는 곳 내 주의 강가로

갈한 나의 영혼을 생수로 가득 채우소서
이 곤한 내 영혼위에

내 주의 은혜 강가로 저 십자가의 강가로
내 주의 사랑 있는 곳 내 주의 강가로

갈한 나의 영혼을 생수로 가득 채우소서
이 곤한 내 영혼위에

내 주의 은혜 강가로 저 십자가의 강가로
내 주의 사랑 있는 곳 내 주의 강가로
내 주의 강가로

오성주

잠김과 충만에 대한 비전

잠겨야 한다. 푹 잠겨야 한다. 예배는 말씀에 푹 잠겨야 한다. 예배는 성령에 푹 잠겨야 한다. 잠김이란 충만의 다른 표현이기도 하다. 예수님이 수가성 여인에게 분명히 말씀하셨다. "하나님은 영이시니 예배하는 자가 영과 진리로 예배할지니라."

예배에는 진리에 잠김이 있어야 한다. 예배에는 성령이 충만해야 한다. 진리의 잠김이 없고 성령의 충만이 없다면, 일어나야 할 놀라운 일이 일어나지 않을 것이다. 아람의 군대 장관 나아만이 말씀대로 요단강 물에 몸을 일곱 번 잠그자 그의 병이 깨끗하게 나았다.(왕하 5:14)

예수님이 물에 잠기셨다가 나오실 때 성령이 임하셨고 하나님의 음성도 들렸다.(마 3:16~17) 약속의 말씀을 붙잡고 기도했을 때 오순절 성령 충만은 그 충만을 받은 모든 자를 변화시켰다.(행 2:1~4) 진리의 잠김이 없는 예배, 성령의 충만이 없는 예배는 상상할 수 없지만, 현실에서는 그런 일이 다반사다.

에스겔 47장을 보자. 성전 제단에서 나온 물이 발목을 적시다가 무릎에 이르고 허리까지 차오른 다음에는 능히 헤엄치지 못할 정도로 차오른다. 그리고 그 물결이 흘러가는 곳마다 엄청난 회복의 역사와 놀라운 생명력을 보인다. 말씀의 잠김, 성령의 충만이 아니고는 그런 일이 있을 수 없다.

해변에 가 보라. 가장 시끄러운 사람들은 발목에 바닷물을 찰싹찰싹 적시며 뛰어다니는 자들이다. 무릎이나 허리에 물이 있는 자들은 제한 적이긴 하나 나름 자기 폼을 잡는다. 푹 잠긴 자들은 아예 보이지도 않으니 떠들거나 무게 잡을 일이 없다. 푹 잠긴 자들은 놀랍고 새로운 변화를 일으킨다. 잠김은 놀라움을 지향한다. 충만은 변화를 일으킨다.

살짝 담그기만 했던 예배로 만족하지 말자. 예배 내용은 어떻든 예배가 끝나는 것에 가장 큰 기쁨을 보이는 신자들도 간혹 있다. 그래서는 안 된다. 예배 가운데 푹 잠김이 없이 나오는 것을 거부하자. 하나님을 예배에서 만나고 나온 자는 마땅히 "깊도다 진리의 부요함이여, 넘치도다 성령의 충만함이여"라고 고백하며 나서야 하지 않겠는가.

우리가 성도라면, 우리가 교회라면 잠김을 맛보지 못하고 충만을 누리지 못한 것에 대한 거룩한 불만으로 가득 차 있어야 한다. 거룩한 불만과 무책임한 비판은 전혀 다르다. 거룩한 불만은 목회자에 대한 끝없는 판단, 여러 사람이나 교회의 많은 사역에 대한 한없는 비평이 아니다. 거룩한 불만이란 더 이상 잠김이 없는 나 자신을 먼저 돌아보며 회개하는 것이다. 여태까지 충만하지 못했던 것의 반복을 당연시하지 말라는 것이다.

지금까지 진리의 잠김에 대한 경험이 없었는데, 여태까지 성령의 충만에 대한 체험이 없었는데 아무렇지도 않게 다음 예배를 똑같이 맞이하려는 용기는 무엇인가. 잠김과 충만에 대한 비전이 없기 때문인가. 잠김과 충만의 방법을 모르는 까닭인가. 예배의 수심(水深)이 어느 정도인지 정직하게 헤아릴 필요가 있다.

너무 척박하다면 지금까지 이 지경으로 만든 낡은 방법을 버리고 새로운 길을 모색해야 한다. 새로운 길이란 이전에 없던, 전혀 다른 길을 예배에서 찾자는 것이 아니다. 우리가 예배 가운데 오랫동안 잊었던 기본을 다시 찾자는 것이다. 잊었던 기본 속에 잠김의 길이 있고 충만의 도(道)가 있다. 말씀을 전하고 전하면 말씀에 잠긴다. 주님만 높이고 높이면 충만에 이른다. 말씀만 전하는 예배, 주님만 높이는 예배의 자리로 향하자.

기독교 예배는 적어도 다음의 네 가지 면에서 문화와 역동적인 관계를 갖는다.

첫째, 기독교 예배는 문화를 초월한다 (transcultural). 즉 다시 말하면, 문화를 초월하여 누구에게나, 어디에서나, 동일한 내용을 가진다.

둘째, 기독교 예배는 상황에 적합하여야 한다 (contextual). 이것은 그 지역의 자연과 문화적 상황에 맞는 형태를 가져야 한다는 말이다.

셋째, 기독교 예배는 반문화적인 (counter-cultural) 특성을 가지고 주어진 문화 속에서 복음과 반대되는 것에 대해 도전해야만 한다.

넷째, 기독교 예배는 다양한 문화를 수용함으로써 (cross-cultural) 각기 다른 지역 문화 사이에 교류를 가능케 해야 한다.

이와 같은 네 가지 역동적인 관계 속에서 우리는 유익한 원칙들을 찾아 볼 수 있다.

예배와 문화에 관한 나이로비 선언문

예배에는
복음만 있는 것이 아니다

예배는 복음을 진술하는 시간이다. 예배 가운데 복음을 들을 수 없다면 무엇을 위한 예배이겠는가. 복음은 하나님이 주도하신 어마어마한 구원 이야기다. 어디서도 들을 수 없고 상상할 수도 없는 충격적인 내용을 담고 있기에 복음이 진술되고 나타나는 순간마다 예배자들은 전율하지 않을 수 없다.

복음 가운데 용서의 이야기만 해도 그렇다. 죄인이라면 하나님의 진노를 받아야 마땅하다. 그런데 예수님의 보혈로 씻김 받아 의롭다고 불리고 하나님의 자녀가 돼 하늘의 모든 유업을 누리게 되었다는 이야기를 아무런 감동 없이 들을 수 있단 말인가. 그럴 수 없다. 예배 가운데 엄숙한 예전(禮典)이 화려한 축제(祝祭)의 손을 잡을 수밖에 없는 이유가 거기에 있다. 복음은 예배 중에 예전의 틀에서 축제의 모양으로 나타난다.

예배에는 복음만 있는 게 아니다. 문화도 예배 곳곳에 잔뜩 스며 있다. 복음은 절대적인 것이지만 문화는 상대적인 것이다. 예배 안에 있는 복음과 문화를 혼동하면 불필요한 논쟁으로 많은 시간을 보낸다.

강대상에서의 말씀은 불변의 복음이다. 강대상의 재질은 바꿀 수 있는 문화다. 찬양은 예배에서 절대로 제외시킬 수 없는 복음이다. 찬양의 스타일은 변화가 가능한 문화다. 성찬은 대치불가(代置不可) 복음이다. 성찬 중 사용되는 빵은 고정되지 않은 문화다.

우리는 처절한 문화 전쟁을 해야 한다. 그것은 교회 밖에서다. 기독교 문화는 하나님을 떠난 세속 문화와의 싸움을 피할 수 없다. 문화의 목적은 분명하다. "문화는 자연을 상대로 한 인간 활동의 결과"라는 사전적 정의에서 문화의 목적을 다 찾을 수 없다.

문화란 인간의 활동 이전에 하나님의 명령이다.(창 1:27~28, 2:15) 문화는 하나님의 영광을 위해 자연을 깨우는 종교적 의무다. 그러므로 인간 중심의 세속 문화와 하나님 중심의 기독교 문화 사이에 충돌은 불가피하다.

그러나 기독교 문화 안에서는 서로 싸울 필요가 없고 싸워서도 안 된다. 나와 찬양하는 스타일이 다른 사람이라고 '구원받은 사람 맞나'라고 의심할 필요는 없다. 그 사람을 뭘 모르는 저급한 크리스천으로 치부해서도 안 된다.

양복을 입지 않은 젊은 설교자의 설교는 귀담아들을 필요조차 없는 연설일까. 아니다. 기독교 문화 안에서 세대 간의 차이(gap), 지역 간의 차이, 교단 간의 차이는 서로를 존중하고 이해할 영역이지 반목하고 단절할 이유가 될 수 없다.

더 이상 예배 안에 있는 문화의 문제로 힘들어하지 말자. 하지만 예배 안에서의 기독교 문화는 그 시대의 하위(下位) 문화에 짝해서는 결코 안 되고 상위(上位) 문화까지도 훌쩍 뛰어넘어야 한다는 점만은 잊지 말자. 가장 고상한 복음에 지극히 천박한 문화의 옷을 걸치게 할 수는 없기 때문이다. 직접 들어 보라.

"여호와께 그의 이름에 합당한 영광을 돌리며 거룩한 옷을 입고 여호와께 예배할지어다."(시 29:2)

진정한 예배에는 온전한 복음이 항상 존재하며 거룩한 문화가 늘 함께한다. 지금 잠시 뉴욕이 코로나19로 볼품없이 됐지만, 여전히 세계 최고의 뮤지컬 도시다. 하지만 세계인들이 와서 열광하는 세계적 뮤지컬이라 해도 비교 대상이 되지 않는다. 아니, 어설픈 장난 수준이다. 하나님이 직접 쓰신 온전한 복음과 믿음의 사람들이 순종으로 빚은 거룩한 문화가 조우(遭遇)해 예전과 축제로 표현되는 예배라는 진짜 드라마에 비교하면 말이다.

하나님이 그에게 일러 주신 곳에 이른지라 이에 아브라함이 그 곳에 제단을 쌓고 나무를 벌여 놓고 그의 아들 이삭을 결박하여 제단 나무 위에 놓고 손을 내밀어 칼을 잡고 그 아들을 잡으려 하니 여호와의 사자가 하늘에서부터 그를 불러 이르시되 아브라함아 아브라함아 하시는지라 아브라함이 이르되 내가 여기 있나이다 하매 사자가 이르시되 그 아이에게 네 손을 대지 말라 그에게 아무 일도 하지 말라 네가 네 아들 네 독자까지도 내게 아끼지 아니하였으니 내가 이제야 네가 하나님을 경외하는 줄을 아노라

창세기 22:9~12

위대한 족장으로 만든 예배

아이 같은 남자가 있다. 남자 같은 남자가 있다. 그리고 족장(族長) 같은 남자가 있다. 여전히 자기 앞가림을 못 하는 남자라면 나이가 어떻든 아이 같은 남자다. 어이없다. 누구에게도 부담을 주지 않고 자기 앞가림을 잘하는 자들은 남자 같은 남자다. 괜찮다. 수많은 사람을 품고 수많은 사람을 먹이는 남자는 족장이다. 멋지다.

하나님은 스스로 아브라함의 하나님, 이삭의 하나님, 야곱의 하나님이라고 즐겨 소개하신다. 아브라함과 이삭과 야곱은 족장이다. 할아버지 아들 손자의 관계인 그들이 삼대(三代)에 걸쳐 족장이 됐는데 무엇이 그들을 족장이 되게 했는가.

단순히 족장이라는 이름을 물려받은 걸까. 아니다. 그들에게 공통점이 있는데 그것이 그들을 족장이 되게 한 것이다. 그들의 공통점은 놀라운 예배자였다는 데 있다. 그들의 예배는 남달랐고 그런 예배를 통해 엄청난 축복을 받았고 수많은 자에게 복의 통로가 되는 족장이 됐다.

아브라함은 사랑하는 독자 이삭을 바치는 순종의 예배를 드렸다.(창 22) 아브라함은 이해가 됐기 때문에 순종한 것이 아니다. 하나님이 말씀하셨기에 지체 없이 순종한 것이다. 그때 아브라함의 머뭇거림 없는 순종의 예배에 큰 감동을 받으신 하나님이 다급히 말씀하셨다.

"네 아들 네 독자도 아끼지 아니하였은즉 내가 네게 큰 복을 주고 네 씨가 크게 번성하여 하늘의 별과 같고 바닷가의 모래와 같게 하리니 네 씨가 그 대적의 성문을 차지하리라 또 네 씨로 말미암아 천하 만민이 복을 받으리니."

이삭은 어려서부터 자신을 주의 제단에 드리는 희생의 예배를 드렸다.(창 22) 아버지의 칼을 묵묵히 받으려 했던 이삭의 마음은 도대체 어땠을까. 울며 불며 "아버지 지금 뭐 하시는 겁니까"를 외치거나 아예 아버지를 밀어제치고 도망을 갈 법도 한데 그러지 않았다. 참된 예배자를 찾으시는 하나님께서 그 예배를, 그 이삭을 어찌 잊으시겠는가.

온전한 희생의 예배자였던 그는 마침내 창대하고 왕성하며 거부 족장으로 살았다. 언제나 하나님의 축복과 이삭의 예배는 같이 있었다.(창 26) "나는 네 아버지 아브라함의 하나님이니 두려워하지 말라 내 종 아브라함을 위하여 내가 너와 함께 있어 네게 복을 주어 네 자손이 번성하게 하리라 하신지라 이삭이 그곳에 제단을 쌓고, 여호와의 이름을 부르며 거기 장막을 쳤더니."

야곱은 자신의 모든 것을 내려놓고 벧엘로 올라가는 결단의 예배를 드렸다.(창 35) 하나님이 오랫동안 기다리셨던 예배였다. 야곱이 벧엘로 돌아와 예배를 드리겠다고 스스로 약속해 놓고 딴청만 피우고 있었다. 수십 년간 기다리셨던 야곱의 예배를 받으신 하나님은 그가 예배를 드리고 난 후 이렇게 말씀하셨다.

"나는 전능한 하나님이라 생육하며 번성하라 한 백성과 백성들의 총회가 네게서 나오고 왕들이 네 허리에서 나오리라 내가 아브라함과 이삭에게 준 땅을 네게 주고 내가 네 후손에게도 그 땅을 주리라."

사실 별 볼 일 없는 남자들을 위대한 족장으로 만든 예배는 하나님께 큰 순종, 큰 희생, 큰 결단으로 드렸던 예배였다. 하나님께서 큰 복을 주어 예배자를 족장으로 만들지 않고는 견딜 수 없는 예배가 정녕 오늘에도 있는가. 오늘날 아이 같은 남자를 많이 보고 남자 같은 남자를 적잖이 보지만, 족장 같은 남자를 보기 힘든 이유는 예배에 있음이 분명하다.

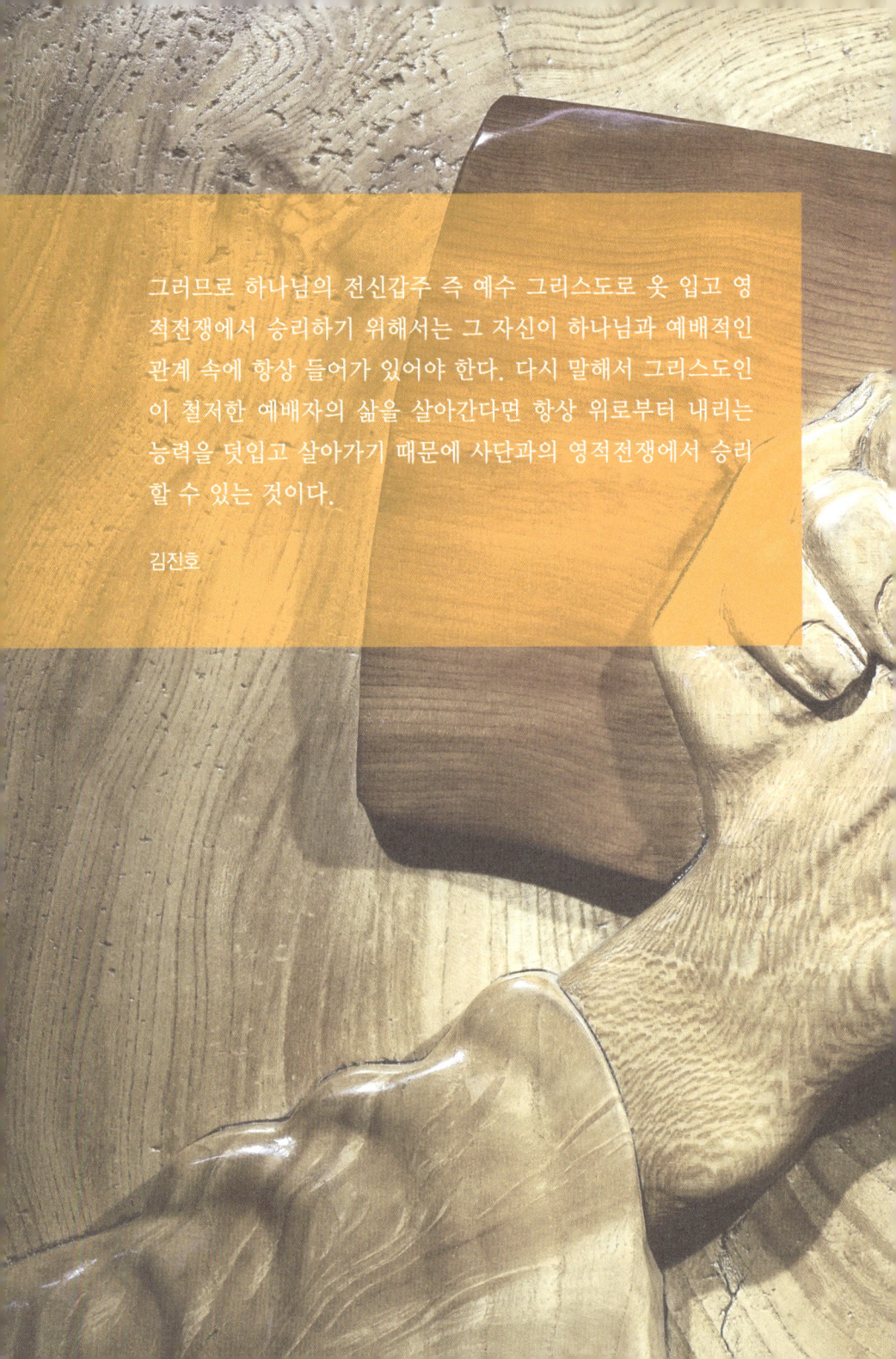

그러므로 하나님의 전신갑주 즉 예수 그리스도로 옷 입고 영적전쟁에서 승리하기 위해서는 그 자신이 하나님과 예배적인 관계 속에 항상 들어가 있어야 한다. 다시 말해서 그리스도인이 철저한 예배자의 삶을 살아간다면 항상 위로부터 내리는 능력을 덧입고 살아가기 때문에 사단과의 영적전쟁에서 승리할 수 있는 것이다.

김진호

예배 전쟁에서의 승리,
두 개의 무기에 달려 있다

"너희가 어느 때까지 둘 사이에서 머뭇머뭇 하려느냐 여호와가 만일 하나님이면 그를 따르고 바알이 만일 하나님이면 그를 따를지니라." 불의 선지자 엘리야의 사자후가 갈멜산에 쩌렁쩌렁 울려 퍼졌다.

그렇다. 예배는 전쟁이다. 참 신을 섬길 것인가 거짓 신을 섬길 것인가의 가장 치열한 전쟁터가 바로 예배인 것이다. 마귀는 대담하다. 예수님에게도 거짓 신을 예배하라고 유혹했으니 말이다.

"마귀가 또 그를 데리고 지극히 높은 산으로 가서 천하만국과 그 영광을 보여 이르되 만일 내게 엎드려 경배하면 이 모든 것을 네게 주리라."(마 4:8~9)

성경은 예배전쟁사요, 인류의 역사도 영적으로 예배 전쟁의 역사다. 오늘날도 그 전쟁이 계속되는 것은 거짓 신들의 약속이 매우 현실적이고 자극적이기 때문이다. 이스라엘 백성의 마음을 그토록 빼앗았던 바알만 해도 그러하다.

바알은 비와 구름을 몰고 다니며 농사에 풍요를 가져다주는 신으로 알려져 있다. 그래서 극심한 가뭄이 있던 아합왕의 때에 사람들은 바알을 바라보고 있었다. 사람들은 바알은 힘도 있고 다산(多産)에도 관여한다고 생각했다. 바알은 이렇듯 자본과 권력과 정욕이라는 인간의 현실에서 가장 매혹적인 것들을 약속하는 거짓 신이다.

이런 거짓 신을 예배한 자들은 어떻게 됐는가. 이스라엘 백성들이 바알 브올(브올의 바알)에서 정욕의 신 바알을 따라 음행했을 때 하나님의 심판을 받았다.(민 25:1~5) 바알의 선지자들이 갈멜산에서 자본의 신 바알에게 부르짖다가 죽임을 당했다.(왕상 18:40) 요시야 왕 때에 권력의 신 바알에게 제사했던 자들에게 남은 것은 그들 무덤 위에 뿌려진 우상 가루였다.(대하 34:4)

하나님과 더불어 신의 자리를 겨루려던 다른 모든 신은 바알의 아류들뿐이다. 잠시의 쾌락을 약속했던 모든 거짓 신들은 그들의 예배자들을 영원한 멸망으로 이끌지만, 구원을 약속하시는 유일한 참신 하나님은 그의 예배자들을 영원한 나라로 인도하신다.

예배의 자리에 견고한 진(陣)처럼 자리 잡은 거짓 신을 몰아내는 싸움 없이는 참 신께 예배드릴 수 없다. 예배 전쟁에서 거짓 신과 싸울 무기는 무엇일까. 무엇보다 회개다. 우리아의 아내를 범한 정욕의 바알과 자기의 높은 지위를 이용해 거짓과 살인을 자행했던 권력의 바알이 하나님보다 크게 보였던 다윗. 그가 진정한 예배자로 돌아서는 데 가장 먼저 필요했던 것은 통회 자복하는 회개였다.

"하나님이여… 내 죄악을 지워 주소서… 하나님께서 구하시는 제사는 상한 심령이라.…"(시 51:1,17) 예배 전쟁의 승리는 놀랍게도 회개에 있다.

예배 전쟁을 이기게 하는 무기가 또 하나 있다. 거짓 신을 예배하라는 유혹에 예수님은 하나님의 말씀을 정확하게 내세우셔서 이기셨다. 거짓 신은 정확한 말씀이 있는 예배의 자리에서 물러간다. 말씀이 흐릿했던 하와는 마귀를 이길 수 없었다.

예배에서 다른 것을 붙잡지 말자. 예배에서는 진리만 붙잡아야 승리한다. "이 땅에 마귀 들끓어 우리를 삼키려 하나… 진리로 이기리로다 친척과 재물과 명예와 생명을 다 빼앗긴대도 진리는 살아서."(찬송가 585장 '내 주는 강한 성이요')

전쟁은 승리 아니면 패배다. 얼마 전 비무장지대에서 우리 군 감시초소를 향한 북한군의 총격이 있었다. 우리 군이 즉각 대응 사격을 시도했으나 격발되지 않았다고 한다. 총을 미리 점검하지 못했기 때문이라고 한다. 예배 전쟁에서 승리하길 원하시는가. 회개와 진리라는 두 개의 강력한 무기가 녹슬지 않게 하자.

죄가 세상의 중대한 문제라면,
그리고 죄가 근본적으로 잘못된 예배에 대한 것이라면
이 문제의 정답 또한 근본적으로 예배에 대한 것이어야 한다.
올바른 해결책이 되려면 올바른 예배가 답이어야 한다.
그렇지 않으면 대답이 아무리 좋아도 우리의 정답은 아니다.

마커스 그린

"답"과 "답답"

'수학의 정석', '성문종합영어', '한샘 국어'. 거의 고전에 가까운 학습 교재들이다. 어려운 문제들을 어떻게 풀 것인지 가르침을 주는 교재다. 이뿐이겠는가. 모든 교재에는 많은 문제가 실려 있다.

그러나 문제만 있는 것이 아니다. 문제에는 답도 있다. 인생의 문제는 학습지 안에 자리 잡은 고정된 문제보다 더 복잡하다. 아무리 복잡한 인생의 문제라도 확실한 답이 있다. 그 답안지는 어디에 있나. 여기에 있다. 예배다.

예배에 모든 답이 있다. 이삭은 이해 못 할 예배를 드리러 가면서 아버지에게 물었다. "내 아버지여… 불과 나무는 있거니와 번제할 어린 양은 어디 있나이까." 아브라함은 아들에게 이렇게 말했다. "내 아들아 번제할 어린 양은 하나님이 자기를 위하여 친히 준비하시리라."

그들은 문제를 부여안고 예배의 자리로 갔다. 답을 얻었다. 과연 하나님은 준비하시는 하나님이셨다. 그 예배의 자리에 번제물로 드릴 숫양이 준비돼 있었다. 숫양이 예수님을 예표하는 것임은 말할 나위가 없다. 도무지 세상에서 답을 찾지 못하던 자가 성전에 올라가면서 이렇게 외친다.

"내가 산을 향하여 눈을 들리라 나의 도움이 어디서 올까 나의 도움은 천지를 지으신 여호와에게서로다."(시 121:1~2) 예배자는 예배 가운데 하나님이 답을 주실 것을 확신한다.

예배에 출석하는 것으로만 스스로 위안 삼는 사람이 있다. 예배 출석에의 무거운 책임감을 완수하는, 괜찮은 사람들이 아닐까. 괜찮은 사람이 아니다. 예배는 출석 이상의 것을 풍성히 품고 있기 때문이다.

예배를 출석함으로 만족하는 사람은 매우 어리석은 사람이다. 예배에는 인생의 난제에 대한 "답"이라는 찬란한 선물이 준비돼 있는데 이 선물은 어찌하고 왜 매번 빈손으로 돌아오는가.

캄캄할 때였다. 예배에 나갔다. 빛을 찾았다. 두려울 때였다. 예배를 드렸다. 담대해졌다. 서러울 때였다. 예배에서 엎드렸다. 위로가 쏟아졌다. 예배에서의 답은 이처럼 포괄적일 때도 있지만, 구체적인 답을 주실 때가 더 많다.

수많은 예배자가 같이 있었는데 마치 나만을 위해 준비된 것과 같은 말씀을 듣고 소스라치게 놀라곤 하지 않았던가. 하나님은 '여호와이레' 곧 '준비하시는 하나님'이시다. 무엇을 준비하시는가. 답을 준비하신다.

"밑줄 쫙"을 기억하시는가. 무슨 말인지 모르는 분들도 많으리라. '한샘국어' 서한샘 선생의 학습 방법이다. 지금은 작고하셨지만, "밑줄 쫙"은 많은 사람의 뇌리에 남았다. 이것이 확실한 답이니까, 너무 중요한 것이니까 그 답 밑에 "밑줄 쫙" 그으라는 것이었다.

하나님은 "밑줄 쫙"보다 더 선명한 답을 예배에서 주신다. 그러므로 예배를 '집중'이 아닌 '산만'으로 드리는 자는, 인생의 '답'을 얻는 것이 아니라 인생이 더 '답답'해진다.

학습지에서 문제가 어렵다고 답안지를 빨리 찾아보는 것은 금물이다. 학창시절, 나는 그 금물을 자주 어겼다. 물론 안 좋았다. 인생 문제의 답을 예배에서 찾지 않고 방황하는 것은 금물이다. 나는 그 금물을 어기고 싶지 않다. 안 좋은 일을 내 생애에서 더 이상 반복하고 싶지 않기 때문이다.

예배 전쟁은 음악과 전원 플러그로 이어진다.

엔디 크로치

예배의 **플러그**

문패를 보곤 했다. 그 집에 전세를 사는 사람의 이름이 아니다. 물론 사글세를 사는 사람의 이름도 아니다. 문패는 그 이름의 사람이 그 집의 주인이며 그 집안에 지금 살고 있음을 나타낸다.

지나가다 대궐같이 크고 멋진 집에 걸린 문패를 볼 때 나도 저런 집에 내 이름을 새긴 문패를 걸고 살았으면 했던 생각은 나 혼자만의 생각이 아니었을 것이다. 하나님도 그 이름을 걸어두고 싶으신 집이 있으셨다. 어딜까. 성전이다.

"내 이름을 둘 만한 집을 건축하기 위하여… 이스라엘의 하나님 여호와의 이름을 위하여 성전을 건축하고."(왕상 8:16, 20) 성전은 하나님의 이름이 걸려 있는 곳이다. 하나님은 어떤 이름을 갖고 계신가. 세상의 문패처럼 하나의 이름만 갖고 계신 것이 아니다.

"알파와 오메가, 엘샤다이(전능하신 하나님), 엘로이(감찰하시는 하나님), 엘올람(영원하신 하나님), 엘엘리온(지극히 높으신 하나님), 여호와이레, 여호와닛시, 여호와샬롬, 여호와라파, 여호와삼마, 임마누엘, 창조자, 구원자, 심판자, 아버지, 주, 목자, 피난처, 산성, 요새, 소망, 힘, 용사, 방패, 기업…."

하나님의 이름은 하나님의 성품을 일러준다. 하나님의 능력을 보여준다. 하나님의 행사(行事)를 나타낸다. 하나님의 이름은 지극히 거룩한 이름이며 우리가 부르고 부르다 죽어도 좋을 이름들이다. 그 찬란한 이름들이 즐비하게 걸려 있는 곳이 성전이요, 자랑스레 붙어 있는 곳이 교회다. 모든 집 앞의 문패는 언제가 그 이름이 바뀐다. 그러나 성전에 걸려 있는 여호와의 이름은 영원히 바뀌지 않는다.

예배란 무엇인가. 하나님의 이름이 걸려 있는 성전에서 그 이름에 합당한 영광을 돌리는 것이 예배다. "여호와께 그의 이름에 합당한 영광을 돌리며 거룩한 옷을 입고 여호와께 예배할지어다."(시 29:2)

하나님의 이름에 합당한 영광을 돌린다는 것은 또 무엇일까. 하나님의 이름을 부르며 하나님 이름을 자랑하는 것이다. "너희는 여호와께 감사하며 그의 이름을 불러 아뢰며… 그의 성호를 자랑하라 여호와를 구하는 자마다 마음이 즐거울지로다."(대상 16:8, 10)

자기의 이름을 자랑하고자 하는 콘서트(concert) 끝에는 말 못 할 공허함이 찾아오고, 하나님의 이름을 자랑하고자 하는 예배의 마지막은 형용 못 할 기쁨으로 채워진다. 요란했지만 콘서트 같은 예배도 경험했고 조용했지만 하나님의 임재로 가득한 예배도 참석했다. 무엇이 그 차이였을까.

예배의 플러그(plug)에 그 비밀이 있었다. 땅에 플러그를 꽂는 예배는 여지없이 콘서트다. 땅에 플러그를 꽂음이란 사람에게 초점을 맞추는 예배라는 말이다. 찬양 사역자가 주목을 받고, 설교자가 거의 추앙을 받고, 사람이 무엇을 했고, 무엇을 할 수 있는지가 계속 강조되는 예배는 땅에 플러그를 꽂았기 때문이다.

하늘에 플러그를 꽂은 예배는 온전히 하늘의 하나님이 행하신 일들이 선포되는 것이기 때문에 그 은혜로우신 이름들이 예배 가운데 계속 찬양을 받으신다.

지난 주일 예배 때였다. 헌금 특송을 하던 자매가 찬양 가운데 하나님의 이름을 부르다 목이 멨다. 나도 강단 뒤에서 함께 울었다. 너무나 힘든 뉴욕의 상황 속에서 하나님의 이름을 부르고 부르니 위로와 소망이 넘쳤다. 그 자매가 부른 찬송의 가사는 이렇다.

"아무것도 두려워 말라 주 나의 하나님이 지켜주시네 놀라지 마라 겁내지 마라 주님 나를 지켜주시네… 주님은 나의 산성 주님은 나의 요새 주님은 나의 소망 나의 힘이 되신 여호와."

그날 나는 분명히 예배를 드렸다. 하늘로 플러그가 꽂혀 있는.

너희는 유대인이나 헬라인이나 종이나 자유인이나 남자나 여자나
다 그리스도 예수 안에서 하나이니라 너희가 그리스도의 것이면
곧 아브라함의 자손이요 약속대로 유업을 이을 자니라

갈라디아서 3:28~29

More than equal

만델라를 기다렸다.

너무나 처절한 차별과 헤아릴 수 없는 고통과 이유 없는 죽음의 슬픈 현실을 끝내고 자유를 가져다주리라 믿는 만델라를 그들은 기다렸다.

뮤지컬 영화 '사라피나'에서 흑인 학생들의 간절한 바람은 만델라가 오랫동안 투옥돼 있던 교도소에서 돌아오는 것이었다. 남아프리카공화국에서 자행됐던 인종차별정책 '아파르트 헤이트'에 항거하던 학생들의 이야기를 다룬 이 영화를 본 지가 꽤 오래됐는데 요즘 다시 생각난다.

왜 그런가. 오늘의 미국에서 흑인들은 누구인지 다시 묻지 않을 수 없기 때문이다. 그들의 현주소를 잘 보여준 사건이 얼마 전 백인 경찰에 의해 안타깝게 죽음에 이른 조지 플로이드 사건이었다.

인종차별을 멈추라는 '시위'와 한인 이민자들도 피해를 많이 보는 '폭동' 사이의 현장에서 힘든 나날을 보내고 있다. 도대체 미국뿐 아니라 전 세계에 여전히 만연한 인종차별 문제를 어떻게 해결할 수 있을지 고민하는 가운데 '사라피나'가 떠올랐다.

그 영화에서 인상적이었던 장면이 있다. 학생들과 선생님(우피 골드버그)이 함께 춤추며 불렀던 '주기도문'이었다. 하나님을 "우리 아버지"

로 부르는 '주기도문'은 인종차별에서 진정한 소망이 하나님을 우리 모두의 아버지로 고백하는 예배 가운데 있음을 다시 깨닫게 해 줬다.

하나님은 모든 인종의 아버지이실 뿐 아니라 모든 만민의 왕이시다.(시 47:1~2) 예배는 우리 모두의 진정한 왕이 누구인지를 알고 기뻐하는 자리다. 하나님이 우리 모두의 왕이심은 복음 중의 복음이다.
그 왕에게 구원이 있고 돌봄이 있고 지킴이 있고 베풂이 있고 변치 않는 사랑과 다함 없는 은혜가 영원히 있다. 정말 대단하지 않은가. 진정 기쁘지 않은가.

왕이신 하나님 앞에서 드리는 예배는 그 앞의 모든 사람을 하나님의 백성으로 부른다. 여기에 어떤 차별이 있겠는가. 큰 왕 앞에서 그 왕의 은혜로 부름 받고 그 왕의 사랑을 덧입고 사는 사람이 서로 차별하는 처사는 얼마나 가소로운 태도인가.
하나님은 성전 문을 닫을 자를 찾으셨다. 열린 성전 문으로 들어와 예배 드리는 자들의 가증한 예배를 도무지 참으실 수 없었기 때문이었다. 그때 하나님이 원하셨던 예배는 "해 뜨는 곳에서부터 해 지는 곳까지의" 모든 민족이 함께 드리는 예배였다.(말 1: 10~11)

예배는 인종차별을 불허한다. 모든 인종이 같이 하나님의 보좌 앞에서 드리는 장엄한 하늘 예배를 보라.
"이 일 후에 내가 보니 각 나라와 족속과 백성과 방언에서 아무도 능히 셀 수 없는 큰 무리가 나와 흰옷을 입고 손에 종려가지를 들고 보좌 앞과 어린양 앞에 서서."(계 7:9)

그렇다. 하나님 앞에서 예배자는 차별이 없다. 예배자는 누구나 동등하다. 아니 모든 예배자는 동등을 뛰어넘는 (more than equal) 그 무엇을 공유해야 한다. 예배자가 모두 공유해야 할 그 무엇은 다름 아닌 사랑이다.

인종차별은 싸움으로 철폐되는 것이 아니다. 하나님을 아버지이시요 영원한 왕으로 믿으며, 모든 사람을 하나님의 은혜 받은 존재요 서로 사랑할 존재로 인정하며 나아가는 예배에서 해결된다.

세상의 눈으로 보면, 하나님을 예배하는 것은 시간 낭비이다. 이것은 분명히 고귀한 시간 낭비이지만 그럼에도 불구하고 틀림없는 시간 낭비다. 사회적인 관점에서 보면, 예배에 참석해서 얻는 유익은 전혀 없다. 그러나 예배를 실리적인 관점에서 이해해서는 안 된다. 예배의 목적은 점수를 따거나 성공한 교회임을 과시하는 것이 아니다. 우리가 예배하는 단 한 가지 이유는 하나님께서 예배를 받으시기에 합당하기 때문이다.

마르바 던

뿌리는 어둠 속에 묻혀 있다

비목(碑木)은 비장하게 흐른다. '초연이 쓸고 간 깊은 계곡 깊은 계곡 양지 녘에/ 비바람 긴 세월로 이름 모를 이름 모를 비목이여/ 먼 고향 초동친구 두고 온 하늘가/ 그리워 마디마디 이끼 되어 맺혔네.' 가슴 먹먹한 노래이다.

이름 모를 깊은 계곡에 비목 하나 남기고 떠난 그들은 누구인가. 자유 대한민국을 지키기 위해 희생한 군인들이다. 6월은 그래서 마음이 저민다. 현충일과 6.25 한국전쟁, 연평해전 등은 우리가 누리는 자유를 위해 소중한 생명을 기꺼이 계곡에 묻고 바다에 던진 젊은 군인들을 기억하게 한다.

모든 아름다운 열매에는 보이지 않는 뿌리가 있다. 열매의 행복을 위해서라면 뿌리는 얼마든지 어둠 속에 묻혀 있다. 우리가 누리는 자유라는 열매는 젊은 군인들의 어둠 속 뿌리 됨에 있다.

하늘과 땅에는 자유보다 더 멋진 열매가 있다. 예배다. 자유는 사람이 누리는 것이지만 예배는 하나님이 누리신다. 모든 열매가 그렇듯이 예배라는 열매도 어둠 속의 뿌리에서 기인한다.

어둠 속 뿌리는 어둠 속에 돌아가셨던 예수님이다. 예수님이 희생제물 되셨기에 이토록 아름다운 예배가 가능하다. 예배에는 더 이상 희생제물이 필요 없지만 다른 차원의 희생이 요청된다. 그 희생은 예배드리는 자들의 몫이다. 예배드리는 자들이 지불할 희생은 다름 아닌 시간이다. 시간이 희생되어야 예배가 가능하다.

세상 사람들은 말한다. 예배는 시간을 낭비하는 일이라고. 예배처럼 비생산적인 일에 더 이상 시간을 들이지 말라고 한다. 마르바 던은 '고귀한 시간 낭비 예배'(A Royal Waste of Time)라는 제목의 책을 썼다.

세상의 관점에서 보면 예배시간은 낭비하는 시간처럼 보이지만 그 시간은 결코 낭비의 시간이 아니며 오히려 시간을 가장 고상하게 사용하는 삶이라고 말한다. 그러나 그의 말이 맞다고 말하는 그리스도인 중에는 정작 예배시간이 조금이라도 길어지는 듯싶으면 '이래서는 안 되는데'라는 표정에 잠기는 사람도 있다.

우리는 우리가 사랑하는 것에 시간을 아낌없이 쓴다. 그 사람이 어디에 시간을 많이 쓰는지를 알면 그 사람이 무엇을 그리고 누구를 사랑하는지 정확히 알 수 있다. 하나님은 우리를 얼마나 사랑하시는지 시간을 초월한 영원을 우리에게 쏟아부으신다.

예배는 시간을 희생해 영원을 만나는 사건이다. 전도서 3장은 시간에 관한 이야기로 출발한다. 그 모든 시간은 영원을 향해 달려간다. "범사에 기한이 있고 천하만사가 다 때가 있나니 날 때가 있고 죽을 때가 있으며… 하나님이 모든 것을 지으시되 때를 따라 아름답게 하셨고 또 사람들에게는 영원을 사모하는 마음을 주셨느니라"(전 3:1~11) 모든 시간이 영원을 사모하는 것이 마땅하다면 예배의 시간이 영원을 지향한다는 말에 무슨 변증이 더 필요하겠는가.

시간은 과거 현재 미래로 구성된다. 예배는 과거의 사건을 기억하기도 하고 미래의 소망을 기대하기도 한다. 그러나 예배가 희생을 요구하는 시간은 현재, 바로 지금의 시간이다. 하나님이 찾으시는 예배자는 '이 때' 곧 오늘, 지금, 현재의 예배자다.(요 4:23)

예배가 시간의 희생을 요구하는데 그 시간은 다름 아닌 '지금'이다. 예배의 부름에 조금도 머뭇거리지 말자.

우리의 목표는
세상이 우리와 함께 하나님께 예배드리게 하는 것이다.

마르바 던

가방을 두고 떠난 그들

나무도 몸살을 앓는다. 나무를 옮겨 심으면 새로운 땅에 적응하기까지 큰 진통을 겪는다. 태평양을 배로 건너 보았는가. 비행기도 힘든데, 배로 이동한다는 것은 결코 쉬운 일이 아니다. 그런 몸살과 어려움을 마다하지 않은 사람이 있다. 1885년 4월 5일 부활주일에 제물포에 첫발을 디딘 언더우드 선교사다. 그의 기도는 이렇게 시작된다.

"오, 주여! 지금은 아무것도 보이지 않습니다. 주님, 메마르고 가난한 땅, 나무 한 그루 시원하게 자라 오르지 못하고 있는 땅에 저희들을 옮겨와 앉히셨습니다. 그 넓고 넓은 태평양을 어떻게 건너왔는지 그 사실이 기적입니다."

선교는 이렇듯 숱한 장애물을 건너야 하는 것이 분명하다. 조선 땅에서 만난 어둠과 무지 때문에 그의 기도는 탄식처럼 이어지다가 이렇게 끝을 맺는다.

"지금은 예배드릴 예배당도 없고 학교도 없고 그저 경계와 의심과 멸시와 천대함이 가득한 곳이지만, 이곳이 머잖아 은총의 땅이 되리라는 것을 믿습니다. 주여, 오직 제 믿음을 붙잡아 주소서."

그가 태평양을 건너는 위험을 불사하고 선교하려 했던 목적은 조선의 무지한 자들로 하나님께 예배케 하려는 것이었다. 존 파이퍼 목사님은 이렇게 말했다. "선교는 예배가 존재하지 않기 때문에 존재한다."

맞는 말이다. 선교의 목적은 다른 데 있지 않다. 선교는 구제 사업도, 정의 구현도, 교회 성장도, 아니 그 어떤 것도 목표가 될 수 없다. 방심하는 사이에 선교는 세속화될 수 있다. 선교는 오직 구원을 지향하며 그 최후 목적은 예배다.

아름다운 선교로 거둔 구원의 진정성은 참된 예배로 화려한 꽃을 피워야 한다. 참된 예배자가 세상을 바꾼다. 예수님과 수가성 여인 사이에 있었던 영생의 이야기가 예배의 이야기로 전개되고 그 여인이 살던 마을을 변화시킨 이야기는 언제나 어디서나 적실하다.

초대교회 성도들이 전도자들이 전한 복음으로 구원받고 날마다 모여 예배드렸을 때 사람들의 칭송을 받았다는 사도행전 2장의 말씀은 오늘날 우리에게도 적용돼야 할 말씀이다.

왜 진정한 예배자는 세상을 변화시키고 세상의 칭송을 받는가. 예배자들은 자기들처럼 세상이 열심히 추구하는 것에서 자유한 모습을 보이기 때문일 것이다.

영국에 있는 WEC(Worldwide Evangelization for Christ) 선교본부를 방문한 목사님이 들려주신 이야기다. 그곳 지하 창고에 유명한 물건이 있다는 이야기를 미리 듣고 안내하는 분에게 그 창고를 구경시켜 달라고 하셨단다. 마침내 그 창고에 가 보니 수많은 가방이 보관돼 있었다.

가방은 WEC에서 파송돼 세계 각지로 흩어진 선교사들의 것이었다. 그들은 가방을 그곳에 맡겨 놓고 다시는 찾으러 오지 않았다. 선교 현장에서 바로 하늘나라로 갔기 때문이다. 그 설명을 들으시면서 목사님의 가슴이 미어졌다고 한다.

그들은 이 세상 '가방'에 연연하지 않았다. 그것이 그들의 우선이 아니었다. 예배가 없던 곳에 예배를, 틀린 예배가 있던 곳에 바른 예배를 드리게 하려는 선교에서 가방은 오히려 거추장스러웠으리라. 가방을 두고 떠난 그들은 지금 하늘에서 무엇을 할까. 선교지에서처럼 예배를 드리리라.

그런데 우리는 어떤가. 여전히 이 세상의 가방을 붙잡느라 선교의 길을 떠나지 않는 건 아닐까. 그래서 예배를 세우는 일과 전혀 무관한 삶을 사는 것은 아닐까.

시인은 참을 수 없는 충동으로 팔을 높이 쳐들고 외쳤다.
"보시오! 보시오! 어니스트야말로 저 큰 바위 얼굴과 똑같습니다." 사람들은 모두 어니스트를 쳐다보았다.
그리고 그 지혜로운 시인의 말이 사실이라는 것을 알았다. 예언은 실현되었다.
그러나 말을 다한 어니스트는 시인의 팔을 잡고 천천히 집으로 돌아갔다.
그리고 아직도 자기보다 더 현명하고 착한 사람이 큰 바위 얼굴 같은 용모를 가지고 빨리 나타나기를 마음속으로 기원하는 것이었다.

나다니엘 호손

사람은 자신이 **갈망**하는 것을 닮아 간다

"맞다, 맞아. 똑같다." "저 눈 좀 봐, 똑 닮았잖아." 방송 카메라가 두 사람을 각각 클로즈업했다. 흥분에 찬 수군거림이 여기저기서 들렸다. 생방송 중인 KBS홀에 있던 사람들과 전국에서 시청하던 사람들이 함께 눈물과 탄성을 쏟아냈다.

어제가 6월 30일이니까 지금부터 꼭 37년 전, 1983년 6월 30일에 시작해 그해 11월 14일까지 138일, 총 453시간 45분 동안 가장 긴 생방송으로 기네스북에 올랐던 프로그램, KBS의 '이산가족을 찾습니다' 이야기다.

6.25 한국전쟁이 가져다준 크나큰 상처는 이산가족 문제였다. 전쟁 통에 부모 자식이 헤어지고 형제 자매를 잃어버린 이산가족의 슬픔은 이루 헤아릴 수 없었다. 이산가족임을 확인하는 그 자리에서 가장 중요한 것은 찾고자 하는 자들이 서로 닮았냐는 것이었다.

예배는 헤어졌던 자들이 만나는 자리다. 그 자리에 모인 사람의 뚜렷한 특징이 하나 있다. 서로 닮았다는 점이다. 서로 닮을 수밖에 없는 이유가 있다. 모든 예배자가 그 예배를 받으시는 하나님 아버지와 닮았기 때문이다.

예배자는 예배의 대상과 점점 닮게 돼 있다. 나다니엘 호손의 '큰 바위 얼굴'이라는 소설에 보면 어느 마을에 사람의 얼굴 모양 같은 큰 바위가 있었는데 그 모습의 고결함과 온화함은 바라보는 자들에게 평온을 가져다줬다. 그 바위를 매일 바라보면서 그 모습을 닮은 사람이 나타나길 기다리던 어니스트라는 소년 자신이 바로 그 바위를 닮은 사람이 돼 간다는 이야기다.

사람은 자신이 갈망하는 것을 닮아 간다는 교훈을 주는 소설이다. 우상숭배자들의 특징은 눈이 있어도 보지 못하고 귀가 있어도 듣지 못한다는 점이다. 한마디로 지각이 없다.(렘 5:19~21) 왜 그럴까. 그들이 예배하는 우상이 지각이라곤 조금도 없기 때문이다.

"그들의 우상들은 은과 금이요 사람이 손으로 만든 것이라 입이 있어도 말하지 못하며 눈이 있어도 보지 못하며 귀가 있어도 듣지 못하며…우상들을 만드는 자들과 그것을 의지하는 자들이 다 그와 같으리로다."(시 115:4~8)

우상 숭배자들이 이처럼 자기의 우상을 닮아 가듯, 예수님을 예배하는 자는 예수님을 닮아간다.(고전 1:2, 11:1) 세상의 빛이신 예수님은 우리를 그와 닮은 세상의 빛이라 부르신다. 예수님은 또 이렇게 말씀하셨다. "그러므로 하늘에 계신 너희 아버지의 온전하심과 같이 너희도 온전하라."(마 5:48)

예배는 하나님과 닮음을 확인하는 자리요, 하나님을 더욱 닮아 가는 자리다. 예배 가운데 예배자 서로가 이질감을 느끼고, 모든 예배자가 하나님 앞에서 생소함을 감추지 못한다면 그 예배를 어찌 하나님 가족의 모임이라 부를 수 있겠는가.

30~40년 넘게 하나님을 예배했는데 하나님을 닮아 감이 전혀 없다면 그동안 마음속에 숨겨진 다른 것을 예배하고 있었다는 이야기다. '이산가족을 찾습니다'처럼 기네스북에 오를 일이다.

숨을 죽이고 이산가족을 찾는 현장을 바라보던 사람들이 "맞다, 저들이 가족이 맞아"라고 서로 닮음을 보고 흥분해서 말했다. 이처럼 "맞다, 맞아. 서로 똑같다", "저 예배자를 봐, 꼭 하나님 닮았잖아"라는 흥분에 찬 수군거림이 우리의 예배를 지켜보던 천사들 사이에서 번져야 하지 않겠는가.

항상 진실케 내 맘 바꾸사
하나님 닮게 하여 주소서
항상 진실케 내 맘 바꾸사
하나님 닮게 하여 주소서

주는 토기장이 나는 진흙
날 빚으소서 기도하오니
항상 진실케 내 맘 바꾸사
하나님 닮게 하여 주소서

작사: Eddie Espinosa 번역: 임은실

천하제일 **백색제자**

특별전시회 이름부터 마음을 설레게 했다. '천하제일 비색청자(天下第一 翡色靑磁) 전'. 송(宋)나라의 태평노인이 '수중금(袖中錦)'에서 고려청자는 천하제일의 비색이라고 언급했다고 한다.

2012년 가을 한국에 있을 때였다. 설렘을 가다듬고 천하제일의 비색인 고려청자를 감상하기 위해 대전에서 서울 국립중앙박물관으로 한걸음에 달려갔다.

내가 전문가는 아니어서 깊이 감상할 수는 없었으나 수백 개의 비색청자로부터 받은 감동은 분명히 있었다. 그때 전시관을 거닐며 떠올린 것은 '주는 토기장이, 나는 진흙'이었다.

'세상의 토기장이도 저런 빛을 빚을 수 있다면 주님께서 빚으신 나의 빛은 어떠할까.' 하나님은 하나님이 빚으시는 그릇이 모두 같지 않다고 말씀하셨다. "토기장이가 진흙 한 덩이로 하나는 귀히 쓸 그릇을, 하나는 천히 쓸 그릇을 만들 권한이 없느냐."(롬 9:21)

오래전 도자기를 굽는 곳을 간 적이 있었다. 토기장이와 진흙의 중요함을 볼 수 있었다. 그런데 그곳에서는 도자기를 만드는 과정에 진흙만큼 중요한 것이 '뜨거운 불'이라고 했다.

천하제일 백색제자   127

예배는 토기장이이신 하나님께서 나를 그릇으로 빚으시는 시간이다. 그러므로 예배에 꼭 필요한 것은 '뜨거운 불'이다. 불은 불순물을 제거할 뿐 아니라 그릇 자체를 견고케 하고 그릇의 빛을 아름답게 만든다.

교회의 빛은 설(雪)빛이리라. 설빛이란 '하얀 눈' 빛을 말한다. 하나님은 이사야 선지자를 통해 이렇게 말씀하신다. "여호와께서 말씀하시되 오라 우리가 서로 변론하자 너희의 죄가 주홍 같을지라도 눈과 같이 희어질 것이요."(사 1:8)

백색은 뜨거운 불의 복음을 통해 만들어진 색깔이다. 하늘 성도들의 하얀색도 불 같은 고통을 견딘 자들이 입은 옷 색깔이다. "이 흰 옷 입은 자들이 누구며 또 어디서 왔느냐 내가 말하기를 내 주여 당신이 아시나이다 하니 그가 나에게 이르되 이는 큰 환난에서 나오는 자들인데 어린 양의 피에 그 옷을 씻어 희게 하였느니라."(계 7:13~14)

그래서 8년 전 마음과 시선을 두었던 '천하제일 비색청자'의 생각은 '천하제일 백색제자(天下第一 白色弟子)'로까지 확대되었다. 그리고 아예 '그 백색제자가 나도 되고 싶다'는 열망에 이르렀다.

나는 불이 없는 예배를 참을 수 없다. 뜨거운 하늘 불이 없는 예배를 어찌 예배라고 부를 수 있겠는가. 이렇게 힘주어 말하지만 부끄럽게도 그동안 불 없는 예배의 자리에 수없이 있었다. 아무것도 변하지 않는 그런 냉랭한 예배 말이다.

엘리야는 외쳤다. "불로 응답하소서, 불로 응답하소서!" 하나님은 엘리야의 간구를 들으시고 그가 쌓은 제단 위에 하늘의 불을 부으셨다. 아무런 불도 붙여지지 않는 예배에 익숙한 성도나 그런 광경을 늘 아무렇지도 않게 생각하는 목사는 엘리야의 하나님이 나의 하나님이라고 외치지 않는다.

온 세상의 교회는 코로나19로 큰 고통의 시간을 보내며 지금은 부분적인 현장 예배를 드리고 있다. 불 없이 드려지는 예배는 멈춰야 한다. 하나님께 우리의 예배 가운데 불로 응답해 달라고 부르짖어야 한다. 그리하여 다시 회복되는 예배마다 하늘의 불이 임해 더러움은 태워지고 정결함은 타올라야 한다. 마침내 그 하늘의 불은 교회를 '천하제일 설빛교회'로, 성도를 '천하제일 백색제자'로 빚을 것이다.

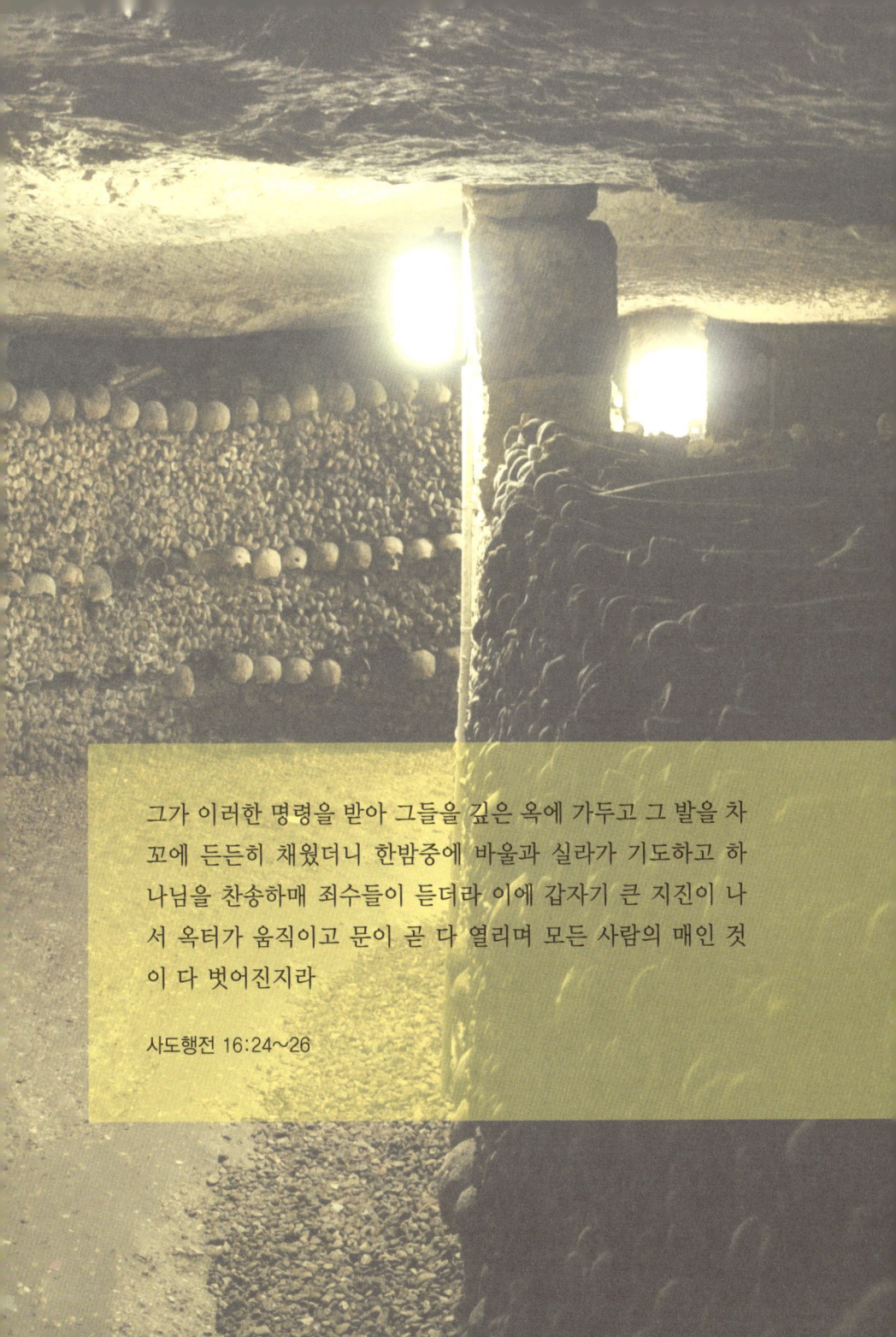

그가 이러한 명령을 받아 그들을 깊은 옥에 가두고 그 발을 차꼬에 든든히 채웠더니 한밤중에 바울과 실라가 기도하고 하나님을 찬송하매 죄수들이 듣더라 이에 갑자기 큰 지진이 나서 옥터가 움직이고 문이 곧 다 열리며 모든 사람의 매인 것이 다 벗어진지라

사도행전 16:24~26

카타콤에서 드린 예배

"쇼핑하는 동안 카타콤을 방문하실 분들은 손 들어 주세요." 나와 함께 6명이 손을 들었고 얼마 후 우리는 일행들과 다른 차를 타고 카타콤으로 향했다. 독실한 크리스천 관광 가이드가 아니었다면 그런 제안은 없었을 것이다.

고대 로마의 지하 묘지인 카타콤은 크리스천들이 로마의 박해를 피해 숨어 들어가 예배도 드리고 생활도 했던 곳이다. 그곳에 대한 설명을 들으면서 우리들의 마음은 계속 뜨거워졌다.

카타콤 곳곳에는 당시 성도들이 가졌던 구원의 확신과 부활의 소망이 배어 있었다. 그중에 믿음을 지키다 죽은 여인 체칠리아의 마지막 모습을 빚은 조각에 대한 설명은 압권이었다.

옆으로 누운 조각 오른손은 세 개의 손가락이 펴져 있었고 다른 왼손은 엄지 손가락 하나를 펴 내보이고 있었다. 생이 끝나는 순간까지 하나님은 한 분이신데 삼위일체로 존재하신다는 신앙을 고백하며 죽은 것이라고 한다.

그 밖에 여러 설명을 들은 후 예배를 드렸다. 그 카타콤 안에 성찬 예배를 드리거나 여러 모임을 갖기에 적절해 보인 공간에서 드린 예배였다. 목사는 나밖에 없어서 예배를 인도하면서 말씀을 전했다. 그때 예배 중에 불렀던 찬송이 "환난과 핍박 중에도 성도는 신앙 지켰네 이 신앙 생각할 때에"였다.

우리는 예배드리는 내내 북받쳐 흐르는 눈물을 감출 수 없었다. 너무 불편한 로마 지하의 카타콤에서 드렸던 그날 예배의 가슴 저민 감동은 아직도 잊히지 않는다. 왜 그럴까. 그곳이 믿음을 지키려는 자들이 찬송하고 기도하며 말씀을 들은 장소였음을 기억하며 드린 예배였기 때문이리라. 삼위일체 교리에 충실한 자리였기 때문이리라.

하나님의 임재가 확실히 있던 자리, 다시 오실 주님을 낮이나 밤이나 기다렸던 자리, 하나님께 대한 예배가 자신들의 생명보다 더 중요하다는 것을 오롯이 보여준 자리, 믿음의 공동체가 서로를 보듬은 이야기를 남긴 자리였기 때문이리라.

사람이 예배드리기에 편리한 곳을 최적의 예배 장소라 말할 수 없다. 하나님이 임하시기에 합당한 곳이 최고의 예배 자리다. 한때 '구도자 예배' 열풍이 있었다. 구도자 중심의 예배는 꽤 설득력 있어 보이는 단어다.

그 예배는 구도자를 VIP로 여기는 어설픈 철학을 담고 있다. 사람들이 듣기에 불편하고 이해하기 어려운 구속, 화목제물, 칭의 등의 용어들을 치우고 쉬운 용어나 이미지를 사용하자는 것은 얼토당토않은 소리였다.

이전의 모든 성도는 그런 단어들을 직접 들으며 신앙을 올곧게 키웠다. 예배의 중심은 사람이 될 수 없다. 처음부터 끝까지 삼위일체 하나님만이 중심이다. 예배의 공간이 아름다워야 아름다운 예배가 드려지는 것이 아니다. 아름다운 예배자가 드리는 예배가 아름다운 예배이며 그들이 있는 공간이 가장 아름다운 예배 자리다.

빌립보 감옥의 깊은 자리가 가장 멋진 예배 자리였음을 바울과 실라도 일깨워 주고 있지 않은가. "그가 이러한 명령을 받아 그들을 깊은 옥에 가두고 그 발을 차꼬에 든든히 채웠더니 한밤중에 바울과 실라가 기도하고 하나님을 찬송하매 죄수들이 듣더라 이에 갑자기 큰 지진이 나서 옥터가 움직이고 문이 곧 다 열리며 모든 사람의 매인 것이 다 벗어진지라."(행 16:24~26)

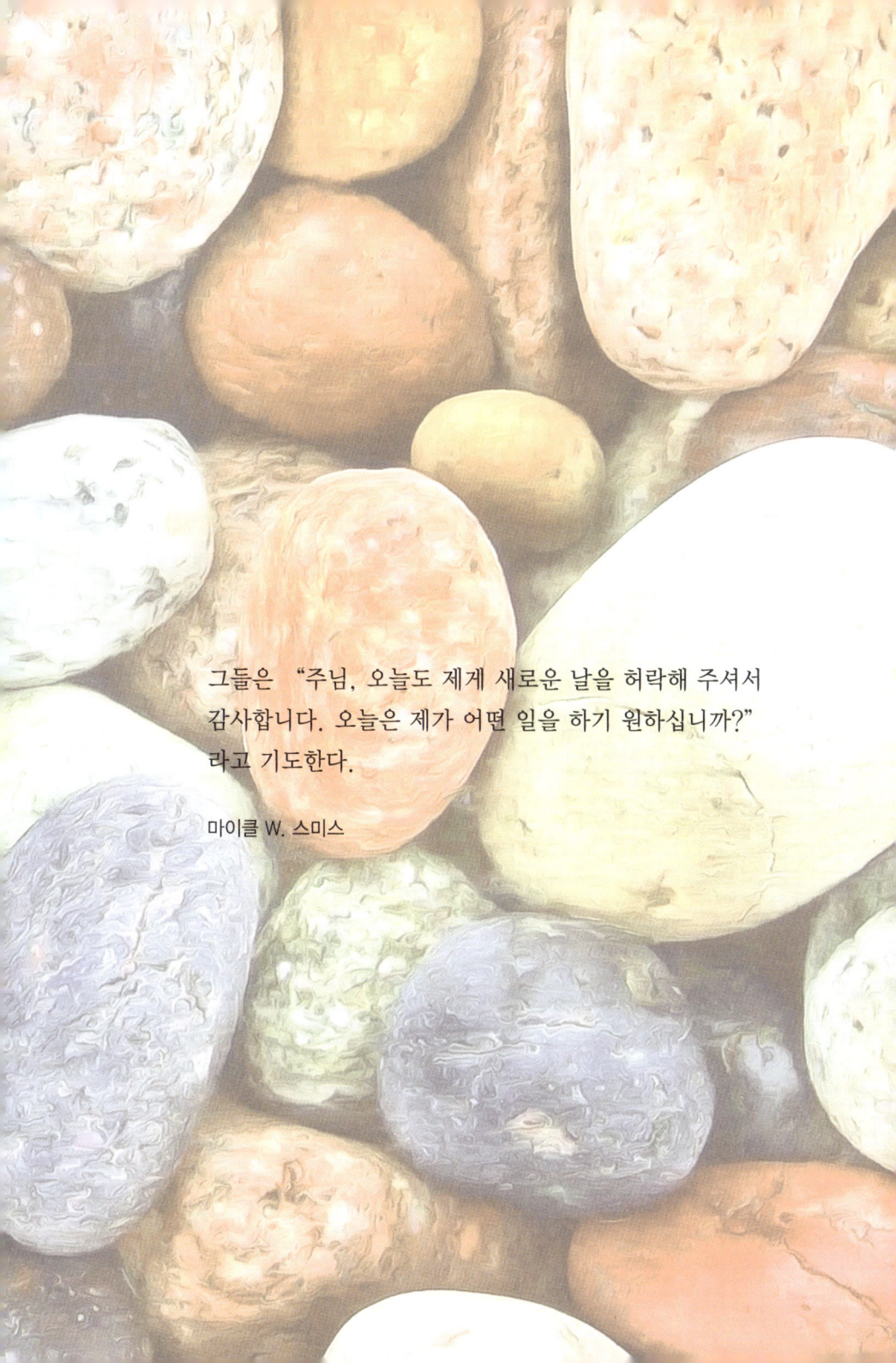

그들은 "주님, 오늘도 제게 새로운 날을 허락해 주셔서 감사합니다. 오늘은 제가 어떤 일을 하기 원하십니까?" 라고 기도한다.

마이클 W. 스미스

오늘도 우리는 **천국**으로 **항해**했다

예배는 동사다. 예배는 행하는 것, 움직이는 것이다. 어떤 행동이 그 가운데 있을까. 찬양하다, 기도하다, 설교하다, 봉헌하다 등은 정적인 게 아니라 모두 동적인 행동들이다. 진정한 예배를 받으시는 하나님은 우상들처럼 아무런 의식 없이 앉아 있는 것이 아니시다. 예배는 경이로운 행동을 이미 보여주신 하나님에 대한 행동(감사, 찬양)이다.

예배 가운데 하나님은 그 자리에서 생생히 말씀하시며 찬양에 기뻐하시며 기도에 응답하신다. 예배에는 예배를 받으시는 하나님의 동사와 예배를 드리는 예배자의 동사가 함께 어울려 장관을 펼친다.

기독교의 예배는 공허한 명상이 아니라 놀라움으로 가득 찬 이야기의 자리다. 이 땅에서 예배를 동사로 본다면 '항해하다'를 빼놓을 수 없다. 예배는 항해다. "항해하는 자들과 바다 가운데의 만물과 섬들과 거기에 사는 사람들아 여호와께 새 노래로 노래하며 땅끝에서부터 찬송하라."(사 42:10)

항해하는 자들은 예배드리는 자들이 돼야 한다. 이 땅에서 예배는 천성을 향해 가는 항해다. 이 항해는 온갖 풍랑을 만나지만, 그 가운데 펼치시는 하나님의 능하신 행동들을 목도하고 찬양하다가 마침내 영원한 항구에 이른다.

그 항해 중 하나님께 찬송을 부르는 자들 가운데 조직이 있음을 볼 수 있다.(시 107:23~32) 왜 조직이 필요할까. 항해 가운데 여러 역할을 맡은 조직이 필요한 것과 같은 이치다. 천국 항해 가운데, 항해 조직 가운데 선장이 계시다. 예수님이 선장이시다.(마 8:23~27) 사랑과 능력이 많으신 탁월한 선장이시다. 그는 사랑으로 배 안에 있는 자들을 품고 능력으로 그 항해의 장애물을 제압하신다.

'그레이하운드'는 2차 세계대전 때 해상 수송 중 독일군과 연합군의 치열한 해상 전투를 그린 영화다. 그레이하운드는 해상 수송선을 보호하는 임무를 맡고 있던 전투함이었다. 연합군의 해상 수송을 막기 위해 가끔 얼굴을 드러낼 뿐 숨어서 공격하는 독일의 잠수함과 그레이하운드의 전투 장면은 긴장 속에 영화를 보게 했다.

톰 행크스는 이 영화에서 그레이하운드의 선장 역할을 맡았다. 그의 리더십은 탁월했다. 그러나 더 눈부신 것은 리더십 안에 있는 그의 믿음이었다. 영화 가운데 몇몇 성경 구절이 짧게 등장한다. 아주 짧은 기도장면도 여럿 있다. 무서운 전쟁 영화가 따뜻한 종교 영화처럼 느껴졌다.

그도 그럴 것이 이 영화의 원작은 CS 포레스터의 '선한 목자'(The Good Shepherd)다. 힘든 항행 중에 선한 목자 예수님이 우리의 선장이시니 두려워 말라는 메시지를 이 영화는 외치는 것 같았다.

1492년 8월 3일 콜럼버스는 세 척의 배를 이끌고 팔로스항에서 인도를 향해 출발했다. 날씨, 음식, 선원들의 불만, 두려움 등 문제가 많았지만 콜럼버스의 항해 일지는 항상 이렇게 끝마쳤다. "오늘도 우리는 서쪽으로 항해했다."

그렇다. 예배는 항해다. 예배는 천성을 향해 전진한다. 유라굴로 같은 광풍이 몰아치지만 낙심하지 않는다. 바울도 유라굴로가 몰아치는 항해 가운데 하나님의 음성을 들었다. 예배의 자리였다. 오늘의 우리도 예배 가운데 몰아치는 의심과 두려움의 영들을 제압하고 하나님의 말씀을 들으며 하나님을 송축하면서 천성을 향해 간다. 오늘의 항해 일지에 우리는 무엇이라 적을까. "오늘도 우리는 천국으로 항해했다."

예배는 하나님께 받은 가장 좋은 것을 하나님께 되돌려 드리는 것입니다. 당신의 가장 좋은 것을 어디에 쓰고 있습니까? 하나님께 복을 받을 때마다 그것을 사랑의 선물로 되돌려 드리십시오. 하나님 앞에서 충분히 묵상하고 정성이 담긴 예배로 다시 바치십시오. 자신을 위해 쌓아 두기만 한다면 보관한 만나처럼 메말라 썩어 버릴 것입니다.(출 16:20) 하나님은 당신이 받은 영적인 것을 당신만 위해 쌓아 두라고 하시지 않습니다. 그것은 다시 하나님께로 돌아가서 다른 사람들에게 나누어 줄 수 있는 복이 되어야 합니다.

오스왈드 챔버스

최고의 하나님을 향한 **나의 최선**

1917년이었다. 그러니 100년도 훌쩍 넘었다. 1917년은 그가 하나님의 부르심을 받은 해다. 놀랍게도 그가 쓴 책은 아직도 베스트셀러에 오르고 있다. 그는 누구인가. 오스왈드 챔버스 목사님이다. 그의 책은 무엇인가. '주님은 나의 최고봉'이다.

이 책은 성도들이 1년 365일 매일 말씀을 묵상하며 살도록 돕는 책이다. 그런데 이 책의 원래 제목이 예배에 대한 가장 선명한 정의를 보여준다. 이 책의 영어 제목은 'My Utmost For His Highest'다. 곧이곧대로 번역한다면 '최고의 하나님을 향한 나의 최선'이라고 할 수 있다.

수없이 예배를 드렸을 당신은 예배를 한마디로 무엇이라 정의하시는가. 사람마다 예배를 다양하게 정의할 수 있겠지만 '최고의 하나님께 나의 최선을 드리는 것'보다 더 탁월한 예배 정의가 있을까.

하나님이 한없이 높으신 분이고 사람이 가장 낮은 자임을 확실하게 볼 수 있는 자리가 예배 자리다. 예배의 모든 순서는 사람은 결코 하나님이 아니며 하나님이 될 수 없는 존재임을 단언하고 고백한다.

예배의 다양한 순서는 예외 없이 하나님이 얼마나 높으신 분인지 보여주고 사람이 얼마나 낮은 자인가를 너무 잘 드러낸다.

예배 가운데 누가 누구에게 찬양을 드리는가. 사람이 하나님께 찬양 드린다. 왜 그런가. 하나님은 찬양받기에 합당하게 높고 위대하신 분이고 사람은 가장 정성 어린 찬양을 드려야 할 만큼 하나님 앞에서 충분히 낮은 존재이기 때문이다.

어떨 때는 찬양이 하나님을 찬양하는 것이 아니라 사람 자신을 찬양하는 것같이 느껴진다. 물론 예배의 유일한 판단자는 하나님이시지만 사람들이 볼 때 가사는 분명히 하나님을 향하는데 초점은 자기가 받으려는 심사같이 여겨지는 찬양도 있다.

그런 자들은 자신의 찬양 외에 다른 모든 예배 순서에서 산만한 모습을 보인다. 심지어 찬양 후 다른 순서를 뒤로하고 과감히 밖으로 나감으로 그가 진정한 예배자가 아니었음을 스스로 입증하기도 한다. 예배의 찬양 가운데 하나님의 한없이 높음과 인간의 철저히 낮음이 확실히 보이지 않는다면 그 찬양은 무엇보다 통곡의 회개가 절실하다.

기도도 그렇다. 기도도 찬양처럼 하나님의 높으심과 사람의 낮음을 보여주는 예배 순서다. 예배 가운데 하나님 아버지에 대한 호칭이 전혀 없이 시작하는 기도가 있다. 도대체 누구를 향한 기도인가.

설교 같은 기도도 있다. 하나님을 훈계하려는 것인가. 아니면 목사님이나 성도들을 기도를 통해 가르치려는 것인가. 속절없이 긴 기도도 있다. 모 교회에서 있었던 실화다. 수요 예배 대표기도를 맡았던 권사님의 기도가 십 분이 지나도록 끝날 기미가 보이지 않았다. 뒤에 계시던 담임

목사님이 권사님의 옷자락을 끌어당겨 겨우 대표기도를 끝내게 했다.

누구 편에 설지 고민하지 말자. 대표기도는 개인기도와 다르다는 것만은 잊지 말자. 긴 대표기도에는 교만이 깃들 가능성이 농후하다. 머리를 숙이고 예배의 대표기도에 참여하자.

모든 교회의 그날 대표기도는 그날 그 교회의 영성을 보여준다. 기도 가운데 지금 하나님이 그 교회에서 얼마나 높으신지, 사람이 얼마나 겸비하는지 엿들을 수 있다. 100년 넘은 고백 '최고의 하나님을 향한 나의 최선'은 예배가 무엇인지 오늘도 확실히 말하고 있다.

하나님의 부름 받은 백성 없이
보냄 받은 하나님의 백성은 없다.
예배가 없이는 선한 일, 열매,
하나님 나라의 확장, 복음주의,
그리고 선교도 없다.

조셉 스킵 레얀

멈추지 않았던 선교사님의 **눈물**

올해 단기 선교를 갈 수 없었다. 그러나 올해 단기 선교를 할 수 있었다. 해마다 여러 곳의 단기 선교를 섬겨 왔는데 올해는 한 곳도 갈 수 없었다. 그래서 다른 방법을 찾았다.

예전처럼 많은 사람이 한 번에 모일 수 없는 터라 작은 규모의 선교 바자를 여러 차례 열어 각 선교지로 보내기로 했다. 현지 선교사님들과 단기 선교를 기다렸던 성도들이 함께 '줌'에 모여 예배와 기도, 교제와 격려의 시간을 갖기로 했다.

며칠 전에는 미국 퀸즈장로교회에서 파송한 알마티 선교사님과 협력하는 키르기스스탄 선교사님과 함께 예배를 드렸다. 알마티 선교사님이 설교하시면서 여러 차례 우셨다. 처음에는 '다른 불'로 예배를 드리지 않으시겠다고 말씀하시면서 우셨다.

그날 설교 본문(레 10:1~7)에서 아론의 아들들이 다른 불로 하나님께 예배드리다가 죽게 된 장면을 말씀하셨다. 선교지에서 예배마다 오직 '진리의 불', '예수님의 불'로 예배를 드리시겠다며 우셨다.

성도 중 한 분이 "죽고 싶지 않아요. 살고 싶어요"라는 전화를 하셨다며 또 우셨다. 최근 알마티에 창궐한 코로나19로 여러 가족이 죽었는데 그 죽음이 자기에게 다가오고 있으니 죽고 싶지 않다며 절박한 목소리로 전화했다는 것이다. 그러면서 교회가 환난을 당한 자들에게 이처럼 꼭 필요하다며 눈물 흘리셨다.

선교사님의 눈물은 그 눈에서 쉽게 사라지지 않았다. 많은 외국인과 선교사가 철수하는 가운데 자신은 지금까지 그랬듯이 이번에도 현지인과 함께 그 자리에 남아 있으시겠다며 우셨다.

감동적인 예배를 마치고 곰곰 생각해 봤다. 그러고 보니 우리는 예배에서 눈물을 잃어버린 지 오래됐다. 예배 중에 춤을 추기도 하고 찬양도 드렸던 다윗은 자신이 지은 죄 때문에 눈물을 넘어 통곡으로도 예배를 드렸다.

"하나님께서 구하시는 제사는 상한 심령이라 하나님이여 상하고 통회하는 마음을 주께서 멸시하지 아니하시리이다."(시 51:17)

다윗만 사죄의 은총을 받은 것이 아니다. 하나님의 사죄의 은총이 아니고서는 우리 중 누구도 오늘에 이를 수 없었다.

그 사죄의 은총을 깊이 깨달은 자들은 예배 가운데 하염없이 눈물을 흘린다. 예전에는 모든 예배에, 특히 성찬 예배에 곳곳에서 흐느껴 우는 사람들이 많았다. 지금은 성찬이 너무 홀대를 받고 있다.

성찬은 교회가 1년에 몇 차례 마지못해 시행하는 행사가 아니다. 예수님이 지키라고 명령하신 성찬은 어떤 시간인가. 식탁 위의 떡과 잔을 내가 보고 먹고 마시며 예수님이 베푸신 구원이 나의 개인적 구원임을 다시 한번 확증하는 감격의 시간이다.

나아가 성찬은 옆에서 나와 함께 떡과 잔을 먹고 마신 자들이 예수님이 세우신 새 언약 안에서 하나 되는 공동체임을 확인하는 전율의 시간이다. 성찬은 주님의 십자가와 부활을 기억하고 묵상하며 주님의 재림을 확신하는 소망의 시간이다.

성찬은 성찬에 담긴 생명의 복음을 주님 오시는 날까지 잘 전하라는 사명을 확실하게 다짐하는 비전의 시간이다. 그리고 성찬은 너무 신비로운 바로 그 성찬을 통해 성화가 확연하게 일어남을 경험하는 축복의 시간이다.

그런데 말랐다. 눈물이 말랐다. 예배에서 눈물이 말랐다. 무엇보다 성찬에서 흐르던 회개와 감사와 결단의 눈물을 이제는 어디서 찾을 수 있을까. 희귀한 일이 돼 가고 있다.

눈물을 포기하지 말자. 예수님이 초청하신 식탁, 그 상 위에 펼쳐진 떡과 잔을 예수님이 어떻게 만드셨는지, 그리고 그 떡과 잔은 나에게, 그리고 교회에 무엇인지를 묻고 또 물으면 말랐던 눈물의 강이 다시 흐르지 않겠는가.

예배는 결정적 골로 득점을 했을 때 축구 경기장 주변에
메아리치는 대단한 환호와 같다.
군중의 큰 웃음소리처럼 예배는 일이 흘러가는 방식에
변화를 일으키는 무언가가 생겼음을 말해 준다.
그리고 우리가 그 노래에 귀를 기울일 때
누가 그 골을 넣었는지 알 수 있다.

크리스토퍼 콕스워스

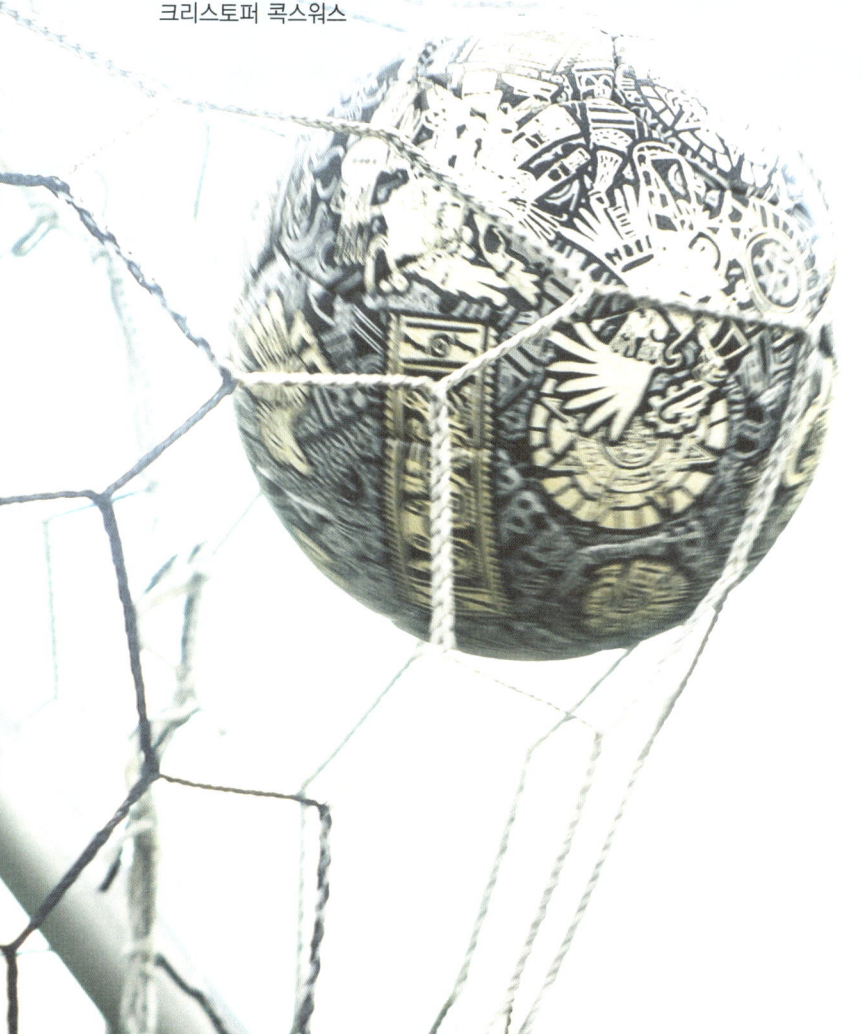

하나님만 자랑하지 못하는 이유

나는 LG트윈스 팬이 아니다. 박용택 선수 팬도 아니다. 그러나 박 선수의 '은퇴 투어'가 무산됐다는 소식은 아쉽다. 지난해까지 박 선수의 통산 기록은 대단하다. 총 2139경기 출장에 타율이 3할 8리, 211홈런, 1157타점, 311도루를 기록했다고 한다.

한 팀에서만 선수 생활을 하며 의리도 성품도 좋다는 그가 2009년 타격왕을 받을 때 기록 관리를 위해 마지막 경기의 타석에 들어서지 않은 일이 끝내 그의 발목을 잡은 것 같다. 비신사적이었다는 것이다.

어떤 스포츠든 중계방송에는 그 선수의 기록이 상세히 소개된다. 탁월한 선수의 기록을 소개할 때는 아나운서와 해설자가 침이 마르도록 칭찬한다. 모든 운동선수의 모든 기록은 여러 곳에서 상세히 찾을 수 있다. 해당 운동경기 협회나 언론사 또는 관심 있는 개인들도 기록한다.

그런데 기록에 무심한 영역이 있다. 예배다. 하나님의 행하신 일은 수없이 많다. "여호와여 주께서 하신 일이 어찌 그리 많은지요."(시 104:24) 그런데 이 땅 어디에도, 이 땅 그 누구도 하나님께서 행하신 무수한 일들을 제대로 기록해 놓지 않아 예배 중에 그의 놀랍고 위대한 행하심이 전혀 강조되지 않고 지나가곤 한다.

예배는 하나님께서 우리에게 행하신 크고 놀라운 일들을 빽빽이 기록해 놓았다가 하나님께 감사하고 찬양하며 하나님을 자랑하는 시간이다. 이렇게 찬양하는 사람도 있다.

"하늘을 두루마리 삼고 바다를 먹물 삼아도 한없는 하나님의 사랑 다 기록할 수 없겠네/ 하나님의 크신 사랑 그 어찌 다 쓸까 저 하늘 높이 쌓아도 채우지 못하리/ 하나님 크신 사랑은 측량 다 못하네/ 영원히 변치 않는 사랑 성도여 찬양하세."

하늘을 두루마리 삼고 바다를 먹물 삼아도 다 기록할 수 없다는 사람도 있는데 나를 위해 행하신 하나님의 위대한 일에 대한 기록은 나의 어디에 있는 것일까. 나의 작은 노트에라도 적혀 있는가. 내 마음에는 확실히 기록돼 있는가.

각 선수의 기록을 알지 못하고는 어떤 운동 경기든 중계방송이 불가능하다. 어떤 선수가 나올 때마다 그 선수에 대해 추측성 발언만 늘어놓는 중계방송을 참고 시청할 사람이 세상에 어디 있겠는가.

하나님께서 하신 일에 대한 희미한 생각을 갖고 예배를 드리려니 예배드리는 자도 딱하고 예배받으시는 하나님도 참고 바라보시기가 힘드실 것이다.

운동 경기에는 자기가 좋아하는 선수의 세세한 기록을 줄줄이 꿰고 참관하는 사람들이 정말 많다. 하지만 예배에는 하나님의 행하신 일들을 세세히 기록하고 참여하는 자들이 너무 적다. 그러니 예배가 하나님 중심이 아니라 사람 중심으로 흘러간다.

시간 내내 오직 하나님만을 자랑하는 것이 예배다. 엉뚱한 것이 예배 가운데 자꾸 부각되는 것은 하나님의 행하신 일에 대한 기록 부재, 기억 부재의 필연적 산물이다.

야구에선 10여 년 전의 신사적이지 못한 그 한 번의 행동도 용납하지 않고 '은퇴 투어'도 불허한다. 한국프로야구협회(KBO)가 모든 것에 완벽하진 않지만, 나름대로 질서 있는 모습을 보여주고 있다.

하나님은 결코 무질서의 하나님이 아니시다.(고전 14:33) 하나님이 행하신 일들을 제대로 기록한 것을 예배 내내 드러내며 끝까지 진실하게 하나님만 자랑하는 예배는 결코 무질서한 예배가 될 수 없다.

하나님은 우리에게 예배를 주셨는데,
예배를 통해 우리는 하나님의 영광을 찬양하고
또한 하나님의 영광을 반영할 수 있다.
우리가 찬양함을 통해 하나님의 우리 영광은
마음속에서 춤추고 우리 이웃 앞에서 환희 빛난다.

브라이언 채플

"소리"와 "하나"

미국 뉴욕 엘리폰드파크(Alley Pond Park)는 필자가 섬기는 퀸즈장로교회에서 20분 남짓이면 갈 수 있다. 265만㎡(80만1800여 평)나 되는 넓은 공원이다. 지난 토요일 경배와 찬양팀 모임 초청을 받아 그곳에 갔다.

교회 일을 보고 늦게 출발했는데 모임 장소가 아닌 다른 곳으로 갔다. 그 넓은 곳 중에 그들이 모이는 장소가 어딘지 스마트폰으로 받았지만, 그것을 따르지 않고 '아마 여기서 모일 것'이라며 내게 익숙한 장소로 갔다.

결국, 한참을 헤매다가 모임 장소에 도착했다. 그때 다시 한번 다짐했다. 생각대로 살지 않고 '지도'(성경)대로 살겠노라고. 도착 후 예배도 드리고 식사도 하고 기도의 시간을 갖고 그곳을 떠났다. 그들은 계속 남아서 친교 시간을 더 갖겠다고 했다.

그날 경배와찬양팀 리더에게 들었는데 그들은 매주 토요일 모여서 기도와 친교의 시간을 갖는다고 했다. 연습 시간 못지않게 친교 시간, 기도 시간을 매우 소중히 여기는 분위기였다.

예배에는 찬양대와 관현악, 그리고 경배와찬양팀 역할이 크다. 많은 사람이 함께하는 일이기에 연습이 필요한 것은 말할 것도 없다. 수차례

"소리"와 "하나"   163

연습이면 충분한가. 아니다. 더더욱 필요한 것은 '하나 됨'이다. 찬양대나 관현악, 그리고 경배와찬양팀이 예배의 자리에서 아무리 호흡을 맞춰 소리를 내어도 하나 됨이 앞서지 않는다면 하나님이 기뻐 받으실 예배가 될 수 없을 것이다.

대학 때 학교 연합 합창대의 메시아 전곡 연주회에 참여한 적이 있었다. 학우들이 한 학기 동안 최선으로 연습해서 드디어 연주하게 된 것이다. 그때 서울 모 관현악대와의 협연이 있었다.

전곡 연주라 중간에 쉬는 시간이 있었다. 전반부는 너무 감동적이었다. 그러나 휴식 후 있었던 후반부에는 실망이 컸다. 휴식 시간에 화장실에서 조금 전 메시아를 연주하던 이들이 상소리를 섞어 가며 이야기하고 심지어는 여러 연주자가 담배를 빠끔빠끔 피우는 것을 봤다. 자기들이 조금 전 연주했던 메시아를 진실로 경외하는 모습이 전혀 보이지 않았다.

그 관현악대는 학교 합창단과의 연습도 부족했을 터이니 마음이 '하나 됨'을 위한 그 어떤 시간도 없었으리라는 생각이 들었다. 연주회 이면의 모습을 몰랐을 때와 달리 그런 실상을 보고 또 생각해 보니 똑같은 그들이 연주하는 2부에는 전혀 감동이 일지 않았다.

예배에는 여러 사람이 여러 소리로 참여한다. 예배에는 여러 악기가 있고 목소리도 있다. 그들이 하나가 돼 소리를 낼 때 하나님이 그 예배에 임재하신다. "제금과 비파와 수금을 잡고 또 나팔 부는 제사장 백이

십 명이 함께 서 있다가 나팔 부는 자와 노래하는 자들이 일제히 소리를 내어 여호와를 찬송하며 감사하는데 나팔 불고 제금 치고 모든 악기를 울리며 소리를 높여 여호와를 찬송하여 이르되 선하시도다 그의 자비하심이 영원히 있도다 하매 그때에 여호와의 전에 구름이 가득한지라."(대하 5:12~13)

모든 예배에서의 소리는 그 예배의 자리에서 불쑥 내는 것이 아니다. 음악 전공자라도 그럴 수 없다. 예배에서 그 소리를 내기 전에 영적인 지도자요 소리에 익숙한 자로부터 겸손히 '소리 냄'을 배워야 한다.(대상 15:22) 그리고 그 '소리 냄'은 마음의 '하나 됨'과 반드시 동행해야 한다.

예배는 하나님의 신성함으로 양심을 되살리며,
마음에 하나님의 진리를 공급하고,
하나님의 아름다움으로 공상을 몰아내고,
하나님의 사랑에 마음을 열고,
하나님의 목적에 뜻을 바치는 것이다.

윌리엄 템플

어쩌자고 이러는가?

이제라도 멈춰야 한다. 어쩌자고 이러는가. 수많은 사상이 무례하게도 예배를 넘보다 못해 온갖 구실을 들어 아예 예배를 농단하려 달려든다. 착각하지 말아야 한다. 예배의 자리에는 사람만 있는 것이 아니다.

예배는 천지를 지으시고 영원히 살아 역사하시는 하나님이 계신 곳이다. 예배자는 하나님의 초청을 받은 자들이다. 하나님이 세상에서 가장 예뻐하시고 기뻐하시는 자들이다. 예배자들이 힘든 상황에 있다 해도 하나님의 영광을 위한 예배자를 건드리는 것은 하나님의 눈을 건드리는 것과 같다.

"만군의 여호와께서 이같이 말씀하시되 영광을 위하여 나를 너희를 노략한 여러 나라로 보내셨나니 너희를 범하는 자는 그의 눈동자를 범하는 것이라."(슥 2:8)

치졸한 사상으로 치장한 자들이 예배에 다가오는 모습은 가소롭다 못해 불쌍하다. 무엇보다 예배는 자본주의자들의 놀이터가 아니다. 자본주의의 이단아(異端兒) 번영신학이 예배에 들어와 난장판을 만든다.

은과 금이 아닌 나사렛 예수의 이름을 가진 교회를 은과 금을 좋아하는 시장터로 만들 심산인가. 번영신학과 그 배후의 자본주의에는 자기들이 만든 상품과 자기들을 다스려야 할 은금을 신으로 섬기려는 무서운 덫이 있다.

예배자는 공산주의자들과 근본이 다르다. 예배자들은 하나님을 높이고 공산주의자들은 자아를 높인다. 소외의 근원은 전혀 모르고서 막연히 고통받는 소외 상태에서 다시 찾아야 한다는 자아로 이 땅의 유토피아를 꿈꾸는 공산주의가 어찌 위대하신 하나님과 광대하신 하나님의 나라를 그리고 죄에서 용서받은 하나님의 형상을 이해할 수 있겠는가. 유물론 공산주의는 유신론의 기독교를 결코 이길 수 없다.

공산주의의 길목 그 곁에 때때로 서 있는 사회주의도 결코 예배를 좌지우지해서는 안 된다. 사회주의자들은 도덕을 붙잡고 헛기침하며 다른 모든 것들을 해석하고 비판한다. 그러나 그들의 도덕은 기준이 없고 제동장치가 전혀 없어 이리 뛰고 저리 뛰다가 자기들의 시대가 끝나기 전에 필연적으로 부패하게 돼 있다.

상대적인 도덕이 어떻게 절대적인 진리의 상대가 되겠는가. 그러니 사회주의자들이 알량한 도덕으로 하나님의 진리로 가득한 예배를 참견하는 것은 지나가는 소도 웃을 일이다.

로마 황제 네로는 자기의 실정을 감추기 위한 희생양으로 기독교인들을 택했다. 그들은 도망가거나 타협하지 않았다. 굶주린 사자가 달려오는 원형 경기장에서도 끝까지 찬송하며 기도하고 예배를 드리다 죽었다.

아니 죽은 것이 아니라 영원한 피난처이신 하나님 품에 한 명씩 평안히 안겼다. 그리고 그들은 누구도 또 어떤 사상도 침범치 못하는 하늘나라 예배자로 다시 일어났다. 그들을 바라보던 네로는 이런 하늘 소리를 들어야만 했다.

"어찌하여 이방 나라들이 분노하며 민족들이 헛된 일을 꾸미는가 세상의 군왕들이 나서며 관원들이 서로 꾀하여 여호와와 그의 기름 부음 받은 자를 대적하며 우리가 그들의 맨 것을 끊고 그의 결박을 벗어 버리자 하는도다 하늘에 계신 이가 웃으심이여 주께서 그들을 비웃으시리로다."(시 2:1~4)

아홉 시에 울리는
교회 종소리는
주일학교 종소리
죄 짓지 않은 아이들
죄 짓지 말라
부르시는 종소리

열 한 시에 울리는
교회 종소리는
대예배 종소리
죄 많이 지은 어른들
어서 와 회개하라
부르시는 종소리.

나태주

흩어지라는 **시대**에

"흩어지면 살고 뭉치면 죽습니다." 이게 무슨 말인가. 이날 이때까지 익숙하게 들었던 이승만 대한민국 초대 대통령의 "뭉치면 살고 흩어지면 죽습네다"라는 말과 정반대의 말이 아닌가.

그러나 잘못 들은 말이 아니다. 오늘날 코로나19에 대처하는 방법을 가장 극명하게 표현한 말이다. 그렇다면 앞으로는 다 뿔뿔이 흩어져 홀로 살아가는 시대가 되는가. 두려운 일이다.

그러나 그러지 않을 것이다. 그럴 수도 없다. 바벨탑 건설은 사람을 흩었고 오순절 성령 강림은 사람을 모았다. 하나님께서 주관하시는 인류의 역사의 마지막 방향은 사람의 흩음을 지향하지 않고 사람의 모음을 향해 간다.

오순절 성령 강림이 있었던 사도행전 2장을 보면 예배는 다양한 지방의 사람이 모여 각 언어로 하나님의 큰일을 말하고 듣는 것임을 알 수 있다. 항상 주변에 머물며 일어나는 모든 일의 구경꾼과 같았던 자들이 하나로 어울려 자신들의 문화, 자신들의 언어, 자신들의 지역을 초월해 모여 예배하는 일이 초대교회 가운데 있었다. 그리고 그런 모습은 천국까지 이어진다.

흩음의 배후에는 마귀가 있고, 모음의 배후에는 성령이 계시다. 마귀는 역사적으로 흩음을 좋아해 교회 안에 수많은 분열을 조장했다. 마귀는 오늘날도 교회의 흩음을 도모한다. "흩어지면 살고 뭉치면 죽는다"를 교회를 향해 역설한다. 그 말에 분노하면서도 일말의 고마움을 갖는 것은 그 말에 반응하는 교회와 교회 지도자를 보며 알곡과 가라지를 구분할 수 있기 때문이다.

모여야 한다. 그러나 단순히 많이 모이는 것이 교회가 아님을 작금의 현실을 통해 절절히 알게 됐다. 그동안 교회는 많이 모여 그 숫자를 자랑했다. 그 많은 숫자가 모두 알곡이 아님을 보았다. 단순히 숫자만 많아서는 예배의 진정성도 없었고 세상을 향한 힘도 없었다. 그동안 숫자라는 뿌연 안개 속에 또렷이 보지 못한 것들, 무엇이 본질인지를 이제는 잘 보고 있다.

예배에 있어서 모인 수는 결코 본질이 아니다. 교회가 숫자에 연연함이 얼마나 위험한 일인지 보고 있지 않은가. 교회 지도자들이 그 숫자 뒤에 숨어 비겁을 자행함을 목도하고 있지 않은가. 사람이 가득한 교회보다 성령이 가득한 사람이 중요하며, 그 숫자가 어떠하든지 성령으로 가득한 자들이 예배를 예배 되게 하고 교회를 교회 되게 하는 본질임을 확실히 깨달았다.

하나님이 찾으시는 참된 예배자는 아무렇게나 모인 다수가 아니었다. 하나님은 언제 어디서나 성령의 사람과 진리의 사람만을 예배자로 인정하셨다.(요 4:23~24) 그동안 익히 알았지만, 간과해 온 말씀이다.

뭉치는 것이 중요하지만 흩어지라는 시대에 다시 단순히 뭉치는 것만을 간절히 기도하지 말자. 이미 있었던 그런 단순한 뭉침을 기대하셨다면 하나님은 하나님의 마음도, 교회의 가슴도 몹시 아픈 흩음의 시간을 허락하지 않으셨을 것이다.

공동체 예배의 핵심 목표는
하나님에 대한 우리의 견해를 높이는 것이다.
그래서 모든 요소(설교, 찬양, 기도, 헌금, 성경 읽기 등)는
우리가 예배드리고 있는 하나님에 대한 경외심과 경이로움을
정기적으로 심화시키는 것이라야 한다.

벤저민 글래드 & 매튜 하몬

너무하십니다

"이러실 수 있나." 물론 속으로 말했다. 원망 섞인 말이 입 앞에서 멈춘 그날은 나의 삶을 바꾼 날이기도 했다.

교육전도사 때 일이다. 예배가 끝난 후 교역자 회의 때 담임목사님은 목회자의 길과 성도의 삶에 대해 여러 가지를 가르쳐 주셨다. 그날은 헌금에 대해 말씀하셨다. 특별히 감사 헌금, 그것도 추수 감사 헌금에 대해 이렇게 말씀하셨다.

"교역자들은 헌금 생활을 철저히 해야 합니다. 십일조는 물론 감사 헌금을 잘 드려야 합니다. 특별히 추수감사절 헌금은 자기의 한 달 사례비 모두 드리는 것을 기준으로 삼기 바랍니다."

그 당시 결혼해서 아이도 있었던 터라 재정적 어려움이 컸다. 아이 우윳값도 만만치 않았다. 사 봐야 할 책도 많아 적은 사례비로 한 달을 지내기가 이만저만 어려운 게 아니었다.

그 자리에 있던 다른 선배 교역자도 어렵기는 매한가지였으리라. '목사님, 담임목사님은 그래도 조금 여유 있지 않습니까. 우린 어려운데 너무하십니다.' 계속 그렇게 속으로 되뇌었다.

헌금에 대해 말하는 게 쉽지 않다. 재정적 어려움 가운데 있는 성도를 생각하면, 기복적이라고 비난하는 세상 사람을 떠올리면 헌금 이야기는 되도록 안 하고 싶다. 그러나 그것이 성경적 태도는 결코 아니다.

헌금은 사람들의 아우성 때문에 슬쩍 지나갈 주제가 아니다. 반드시 바르게 가르쳐야 한다. 하나님은 아벨과 그의 제물을 받으셨다.(창 4:4) 하나님은 다섯 제사(번제, 소제, 화목제, 속죄제, 속건제)에서 합당한 제물을 요구하셨다.(레 1~5장) 그래서 이스라엘 백성들은 즐겁게 자원하여 그리고 풍성히 제물을 드렸다.(대상 29:17, 21)

예수님은 제단에 예물을 드려야 함을 산상수훈에서 말씀하셨으며(마 5:23~24), 사람들이 헌금 드리는 것을 보셨다.(막 12:41~44) 바울은 너 그렇게, 넉넉하게 연보하며 하나님께 감사드리라고 했다.(고후 9:11)

십일조의 중요성은 구약의 다양한 가르침에서 나온다.(말 3:8~12) 예수님도 십일조를 드리라고 하셨다.(마 23:23) 이렇듯 헌금은 단순한 물질이 아니다. 헌금은 신실하신 하나님에 대한 신뢰 표시다. 하나님의 놀라운 언약을 머금고 있다.

정성어린 헌금 생활 없이 믿음은 잘 자라지 않는다. 하나님께 드릴 십일조는 경시하고 사람에게는 인심을 팍팍 쓰는 자들이 있다. 가당치도 않은 일이다.

1년 내내 골프 치고 가족들과 외식하고 여행하는 데는 조금도 아끼지 않는 사람들이 있다. 하지만 추수감사절이 되면 한 해 동안 한없는 은혜를 베푸신 하나님께 한없이 인색해진다. 어이없는 일이다.

재정적으로 가장 어려웠던 교육전도사 때 담임목사님은 역설적으로 넘치는 감사를 가르쳐 주셨다. '교육전도사로서 공부와 사역과 생활이 얼마나 힘드냐'는 위로의 말씀을 듣고 싶은 때였다. 그런데 '정성을 다해 힘껏 감사헌금 생활을 잘하라'는 말씀은 의외였다. 그 어려운 가르침은 그날 나를 쓰러뜨린 것이 아니라 영적으로 날아오르게 해 주신 말씀이었다.

'헌금은 예배와 상관없다'고 쉽게 말하지 말자. 헌금을 가르치는 사역자를 '은혜가 아니라 율법을 가르친다'고 함부로 판단하지 말자. 희생과 드림이 없는 예배를 어찌 예배라고 말할 수 있겠는가.

귀한 가르침을 남겨 주시고 하늘나라로 가신 옛 담임목사님을 훗날 만나 뵈면 이렇게 말씀드리고 싶다. "목사님, 잘 가르쳐 주셔서 감사합니다." 그때는 속으로가 아니라 크게 말할 것이다.

왜 나를 깊은 어둠 속에 홀로 두시는지
어두운 밤은 왜 그리 길었는지
나를 고독하게 나를 낮아지게 세상 어디도
기댈 곳이 없게 하셨네
광야 광야에 서 있네

주님만 내 도움이 되시고
주님만 내 빛이 되시는
주님만 내 친구 되시는 광야
주님 손 놓고는 단 하루도 살 수 없는 곳
광야 광야에 서 있네

주께서 나를 사용하시려 나를 더 정결케 하시려
나를 택하여 보내신 그곳 광야
성령이 내 영을 다시 태어나게 하는 곳
광야 광야에 서 있네

내 자아가 산산히 깨지고 높아지려 했던
내 꿈도 주님 앞에 내어놓고
오직 주님 뜻만 이루어지기를
나를 통해 주님만 드러나시기를
광야를 지나며

장진숙

광야에는 **성막**이 있었다

이스라엘 백성들이 광야를 걷고 또 걸었다. 그 광야는 척박하나 아름다운 광야였다. 광야에는 볼 만한 것, 기댈 만한 것이 아무것도 없다는 점에서 척박하다. 그러나 그 광야에 예배가 끊이지 않았다는 점에서 아름다웠다.

그들의 광야에는 성막이 있었다. 성막은 하나님이 임재하시는 예배의 자리였다. 그들은 언제나 성막을 중심으로 진을 쳤다.

성막에는 문이 동쪽에 하나만 있었다. 구원의 문이 하나인 것과 같다. 광야에 바람이 이리저리 휘몰아친다고 구원의 길도 이리저리 열려 있는 게 아니다. 현대의 안이한 환경에서 창궐한 다원주의는 어림도 없던 곳이 광야였다. 다원주의를 수용한 예배는 우상숭배의 자리일 뿐이다.

유일한 문으로 들어서면 놋 번제단이 있었다. 모든 제물을 잡아 피를 흘리게 하는 곳이요 태우는 곳이다. 죄를 사하기 위해 어린 양 예수님의 피 흘림이 있어야 하는 것과 같다. "나의 죄를 씻기는 예수의 피밖에 없네." 찬양함이 마땅한 자리다.

놋 번제단을 지나면 물두멍이 놓여 있다. 죄 사함을 받은 사람이라도 아직 완전한 성화에는 이르지 않았기에 보혈의 샘에서 씻고 또 씻어 정결해져야 한다. 주님이 다시 오실 때까지 이 세상에서의 구원의 구조는

"이미, 아직"(already, but not yet)임을 이해한다면 예배 때마다 더러움을 또 씻어야 하는 물두멍의 역할도 이해할 수 있다.

성소에 들어서면 가운데 남쪽에 등대가 있다. 예배에는 성령의 비추임이 항상 있어야 한다. 예배 가운데 역사하시는 성령은 개인을 회복시키고 교회를 부흥케 하고 교회를 넘어 세상을 바꾸는 힘이 있다. 예수님의 담대한 증인으로 살고자 하면, 성령의 열매를 맺고자 하면, 다양한 은사로 봉사하는 교회를 꿈꾼다면 예배 가운데 성령의 충만을 받아야 하고 받을 수 있다.

성소의 북쪽에는 떡상이 있다. 사람이 살아가는 데 가장 절실한 문제는 떡의 문제다. 떡은 사람으로 살게도 하고 자라게도 한다. 성소 안의 떡상은 생명의 양식이다. 예배 가운데서 예수님은 영의 양식을 풍성히 공급해 주신다.

예배에 참여해 입을 열면 하늘 양식이 채워진다. 하늘 양식을 갈망함으로 예배에 참여한다면 "내게 부족함이 없으리로다"의 고백이 다윗처럼 쏟아진다. 이 하늘 양식은 영적으로 살게 하고 영적으로 자라게 한다.

성소의 가운데에는 향단이 있다. 향단에서 퍼지는 향은 예배 가운데 기도를 의미한다. 교회는 기도하는 교회가 돼야 한다. 예배는 기도하는 예배가 돼야 한다. 교회의 합심 기도는 늘 하늘 문을 열어 이 땅에서 하나님의 위대한 사역을 일궜다.

성소의 휘장이 걷힌 곳에 지성소가 있고 그곳에 언약궤가 있다. 예배에서 하나님께 가까이 간다는 것은 말씀에 더 가까이 간다는 것이다. 중세시대에 언약궤의 자리에 교황이 앉아 있었다. 전통이 그 자리에 있곤 했다. 교황과 전통이 진리의 노릇을 했다는 것이다. 이런 것들을 치워냈다는 점에서 종교개혁은 예배의 개혁이기도 했다.

이스라엘 백성들의 광야는 성막이 함께 있었기에 예배가 마르지 않았다. 그들은 예배로 광야 40년을 넉넉히 이겼다. 오늘의 광야에도 예배만 있다면 그 어떤 것도 넉넉히 이길 수 있다.

우리 보좌 앞에 모였네
함께 주를 찬양하며
하나님의 사랑 그 아들 주셨네
그의 피로 우린 구원받았네
십자가에서 쏟으신 그 사랑
강 같이 온 땅에 흘러
각 나라와 족속
백성 방언에서 구원받고
주 경배드리리
구원하심이 보좌에 앉으신
우리 하나님과 어린양께 있도다
구원하심이 보좌에 앉으신
우리 하나님과 어린양께 있도다

고형원

보이지 않는가, 들리지 않는가

하나님을 매일 만나는 분을 보았는가. 나는 직접 보았다. 그분은 매일 새벽 하나님을 만났고 나는 그 장면을 매일 목격했다. 그분은 아버지였다.

새벽에 화장실 가려고 일어나면 아버지는 언제 일어나셨는지 항상 무릎 꿇고 눈물로 기도하고 계셨다. 아버지 앞에는 그 기도에 앞서 읽으셨던 성경이 펼쳐져 있었다. 기도하시던 손이나 무릎 옆에는 눈물 젖은 손수건이 있었다.

그 장면은 무엇이었는가. 아버지가 하나님을 만나시는 중이었다. 아버지가 홀로 드리시는 예배였다. 매일 그러시던 아버지는 주일이 되면 너무 좋아하셨다. 주일날 교회 가는 것을 너무 기다리셨다.

아버지는 주일학교 부장을 오래 하셨기 때문에 교회 가는 시간이 어린 나와 같으셨다. 아버지가 교회 가서 여러 차례 하신 일은 무엇이었을까. 예배드리는 것이었다. 집에서 주중에 혼자 매일 새벽에 드리는 예배와 주일날 교회에 가서 많은 사람과 함께 드리는 예배가 다른 것이었을까.

혼밥, 혼자 밥을 잘 먹을 수 있다. 혼자 밥을 먹을 때 맛도 느낄 수 있다. 혼자 먹어도 배고픔은 잘 해결된다. 그런데 여러 사람과 같이 먹는 것과는 다르다. 여러 사람과 함께 먹을 때는 맛뿐만 아니라 혼자서는 결코 누리지 못하는 즐거움이 더해진다. 혼자서 밥을 먹을 수 있고 여럿이 밥을 먹을 수 있듯, 혼자서 예배를 드릴 수 있고 여럿이 예배를 드릴 수 있다. 같지만 전혀 다르다.

만남이 주는 기쁨은 크다. 하나님은 우리를 예배 가운데 만나 주시고 예배 가운데 우리 서로의 만남도 선물로 주신다. "멀리 더 멀리"의 삶이 요청되는 시대에 사는 우리들, "가까이 더 가까이"가 하나님의 원하심임을 한순간도 잊지 말자.

지난 3월 22일 주일 예배는 잊을 수 없다. 코로나19가 미국 뉴욕에 걷잡을 수 없이 퍼지기 시작할 때였다. 행정명령에 따라 그날 밤부터 뉴욕의 모든 기관이 문을 닫아야 했고 교회의 문도 모두 닫아야 했다.

그날 예배에서 마지막으로 부른 찬송은 222장 '우리 다시 만날 때까지'였다. 1절부터 목이 메었다. 죽음이 창궐한 세상으로 가야 하는 성도들을 생각하니 4절을 부를 때 눈물이 앞을 가렸다.

"우리 다시 만날 때까지 하나님이 함께 계셔/ 사망 권세 이기도록 지켜 주시기를 바라네/ 다시 만날 때 다시 만날 때 예수 앞에 만날 때/ 다시 만날 때 다시 만날 때 그때까지 계심 바라네."

다시 만나자고 했건만 그날 이후 이 땅에서 다시 못 보게 된 성도들이 여럿 있다. 코로나19로 많이 아파하시다가 끝내 우리 곁을 떠나셨다.

•우리는 그분들이 먼저 가 계신 천국에서 다시 만날 것이다.

그곳에 없는 것이 있다. 그곳에는 눈물이 없다. 사망이 없다. 애통이 없다. 곡하는 것이 없다. 아픈 것도 없다. 그곳에 있는 것이 있다. 예배가 있다. 이 땅에서 때때로 드렸던 혼자의 예배가 아니다.

보이지 않는가. 각 나라 족속과 백성과 방언이 함께 모여 드리는 예배가 들리지 않는가. "구원하심이 보좌에 앉으신 우리 하나님과 어린 양에게 있도다"라고 큰 소리로 드리는 찬송이. 우리 모두 이 땅에서 하나님이 찾으시는 예배자로 살다 천국에서 다시 만나 하나님께 세세토록 함께 예배드리자.

 나가면서

너무 아팠습니다.
마음은 물론 어깨도 많이 아팠습니다.
뉴욕주지사의 행정 명령으로 교회가 문을 닫고
현장 예배가 불가능해질 때부터
슬슬 아파 오던 어깨의 고통은 밤이고 낮이고 머물러 있었고
잠을 제대로 이루지 못하게 했습니다.
지난 9월에는 수술까지 했습니다.
아직 아픔이 끝나지 않아 재활치료를 받고 있습니다.
아직 팬데믹은 끝나지 않아 예배의 아픔이 큽니다.

아픈 어깨로 아픈 이 시대의 아픈 예배에 대한 글들을 썼습니다.
그러고 보니 예배는 아픈 것이었음을 다시 깨닫게 되었습니다.
우리의 예배가 축제가 되기 위해
하나님은 아프셨습니다.

사랑하는 아들 예수님을 제물로 삼으신 예배,
얼마나 아프셨을까.

하나님의 아픔을 아는 예배는
뜨겁지 않을 수 없습니다.
감사치 않을 수 없습니다.

저 영원한 나라에는 아픔이 없습니다.
우리 모두는 아들을 희생시키신 하나님의 아픔을 품은 가운데
지금의 예배도 드리고
그 예배 가운데 아픔을 넘어 그 나라를 바라보는 소망도
결코 포기하지 않습니다.

하나님께 영광을!
하나님께 예배를!

그 많던 **예배자**는 어디로 갔을까

김성국 지음

초판발행 2021년 2월22일

발행처　　국민일보
신고번호　제1995-000005호
주　소　　서울 영등포구 여의공원로 101
전　화　　02-781-9870
홈페이지　www.kmib.co.kr

ISBN 978-89-7154-345-0

*값은 뒤표지에 있습니다.
*저자와의 협약에 의해 인지는 생략합니다.
*이 책은 저작권법에 의해 보호받는 저작물이므로
　무단 전재와 복제를 금합니다.

국민일보◎